VOM ZAUBER DER ROSEN

EINE REISE IN DAS REICH DER SCHÖNHEIT
UND DER MAGISCHEN DÜFTE

HERAUSGEGEBEN VON
CLAUDIA LARDON-KATTENBUSCH

LEIB & SEELE
ZÜRICH

Umschlaggestaltung: Uno Design, Hamburg, unter Verwendung eines Bildes von J. L. Jensen (1800-1856)
Umschlagfoto und Rosenfotografie im Golddruck: Frank Stöckel, Hamburg
Satz: DTP-Studio GmbH, Hamburg
Druck und Bindung: Egedsa S. A., Barcelona
Printed in Spain
ISBN 3-906715-07-8

Der Umwelt zuliebe auf chlorfrei gebleichtem Papier gedruckt und in recyclingfähige Folie eingeschweißt.

Auslieferung: Oesch Verlag, Tramstraße 71, CH-8050 Zürich

Die Ros' ist ohn' Warum
Sie blühet, weil sie blühet
Sie acht' nicht ihrer selbst,
fragt nicht, ob man sie siehet

Angelus Silesius, 1624-1677

INHALT

VORWORT

Im Orient gilt die Rose von alters her als „Mutter der Düfte", die alten Griechen und Römer badeten im wahrsten Sinne des Wortes in Rosenblättern, im christlichen Abendland wurde die „Königin der Blumen" zum Symbol der Unschuld und Reinheit. Dann entdeckten sie die Alchemisten für sich, die Dichter der Romantik, die Maler des Impressionismus und Expressionismus – um nur zwei Stilrichtungen der bildenden Kunst zu nennen.
Während des Zweiten Weltkriegs erhielt die Rose eine existentielle Bedeutung: Sie verkörperte den christlichen Widerstand der Geschwister Scholl mit ihrem Kreis der „Weißen Rose" gegen die Nazis.
Es würde sich sicher lohnen, die Rose als Filmmotiv zu untersuchen. Hollywood nahm sich 1991 des Themas an. „Der Rosenkrieg", ein burleskes Scheidungsdrama mit Michael Douglas und Kathleen Turner, wurde zum Kassenknüller. Bette Midler schaffte ihren Durchbruch mit „The Rose". Die amerikanische Rockband „Guns and Roses" stürmt die internationalen Hitparaden, eine stilisierte Rose schmückt eine Plattenhülle der Rocklegende Led Zeppelin. Und wenn Sie sich einmal genauer umschauen, werden Sie auch in Ihrer nächsten Umgebung viele Rosen entdecken: auf Tapeten, Stoffen, Gratulationskarten, Parfumflacons, auf Pappschachteln, in der Werbung...

Die Rose ist eben ein echte Kulturpflanze. Sie gedeiht in den Höhen der menschlichen Kultur genauso wie in anspruchsloseren Gefilden. Sie ist auf eine faszinierende Weise mit den geistigen Strömungen von der Antike bis in unsere heutige Zeit verbunden. Dabei hatte sie allerdings immer eher eine Schwäche für sinnenfreudige, schönheitsliebende Menschen. Das Buch erzählt von dieser ungewöhnlichen Beziehung.

Bei einigen Rosenliebhaberinnen möchte ich mich herzlich für ihre Unterstützung bedanken: Hanni Bartizko vom Verein Deutscher Rosenfreunde, Anni Jakob mit ihrem umfangreichen Privatarchiv, Julia Erler, Sabine Kübler vom Rosenmuseum Steinfurth/ Bad Nauheim – ihrem ausführlichen Katalog habe ich viele Anregungen entnommen –, Annette Kulozik vom Rosarium des Dortmunder Westfalenparks, Anna Reschop, Hanne Stauch vom Rosenfreundeskreis Zweibrücken. Sie alle haben mir geholfen, dem Geheimnis der Rose auf die Spur zu kommen.

Claudia Lardon-Kattenbusch
im Frühjahr 1995

DIE UNSCHULDIGE ROSE

Sprechen wir nicht von dir.
Du bist deiner Natur nach unaussprechlich.
Andere Blumen schmücken die Tafel,
du verklärst sie.

Man stellt dich in eine Vase –
und schon wandelt sich alles:
es ist vielleicht die gleiche Vase Melodie,
aber gesungen von einem Engel.

Rainer Maria Rilke

Jan Frans van Dael,
Blumenstilleben
(1816)

WIE DER KLEINE PRINZ SEINE ROSE ERKANNTE

„Der kleine Prinz“ ist eine der schönsten Geschichten der neueren Literatur. Seit Jahrzehnten fasziniert sie Kinder und Erwachsene gleichermaßen. Antoine de Saint-Exupery, der Verfasser, war davon überzeugt, daß „man nur mit den Augen des Herzens in der richtigen Weise (sieht). Das Wesentliche ist unsichtbar für die Augen.“ Mit den Augen seines Herzens erkennt auch der kleine Prinz schließlich das Geheimnis seiner Rose.

(...) Es hatte auf dem Planeten des kleinen Prinzen immer schon Blumen gegeben, sehr einfache, aus einem einzigen Kranz von Blütenblättern geformt; sie spielten keine große Rolle und störten niemanden. Sie leuchteten eines Morgens im Grase auf und erloschen am Abend. Aber jene eine hatte eines Tages Wurzel geschlagen, aus einem Samen, weiß Gott woher, und der kleine Prinz hatte diesen Sproß, der den anderen Sprößlingen nicht glich, sehr genau überwacht. Das konnte eine neue Art Affenbrotbaum sein. Aber der Strauch hörte bald auf zu wachsen und begann, eine Blüte anzusetzen. Der kleine Prinz, der der Entwicklung einer riesigen Knospe beiwohnte, fühlte wohl, es müsse eine wunderbare Erscheinung aus ihr hervorgehn, aber die Blume wurde nicht fertig damit, sich in ihrer grünen Kammer auf ihre Schönheit vorzubereiten. Sie wählte ihre Farben mit Sorgfalt, sie

zog sich langsam an, sie ordnete ihre Blütenblätter eins nach dem andern. Sie wollte nicht wie die Mohnblüten ganz zerknittert herauskommen. Sie wollte nicht früher erscheinen als im vollen Ornat ihrer Schönheit. Nun ja! Sie wollte gefallen. Ihre geheimnisvolle Toilette hatte also Tage und Tage gedauert. Und dann, eines Morgens, gerade zur Stunde des Sonnenaufgangs, hatte sie sich enthüllt. Und sie, die mit solcher Genauigkeit gearbeitet hatte, sagte gähnend: „Ach! Ich bin kaum aufgewacht ... Ich bitte um Verzeihung ... Ich bin noch ganz zerrauft ..."
Da konnte der kleine Prinz seine Bewunderung nicht mehr verhalten: „Wie schön Sie sind!"
„Nicht wahr?" antwortete sanft die Blume. „Und ich bin zugleich mit der Sonne geboren ..."
Der kleine Prinz erriet wohl, daß sie nicht allzu bescheiden war, aber sie war so rührend!
„Ich glaube, es ist Zeit zum Frühstücken", hatte sie bald hinzugefügt, „hätten Sie die Güte, an mich zu denken?"
Und völlig verwirrt hatte der kleine Prinz eine Gießkanne mit frischem Wasser geholt und die Blume bedient.
So hatte sie ihn sehr bald schon mit ihrer etwas scheuen Eitelkeit gequält.

Philipp Otto Runge, Weiblicher Rosengenius, Ausschnitte rechts und links aus: Der Morgen (1809)

Die Rose des kleinen Prinzen blühte und duftete nur für ihn, aber er konnte sich nicht richtig daran erfreuen, denn sie war sehr ängstlich und wollte ständig von ihm beschützt werden.

Schließlich flüchtete der kleine Prinz schweren Herzens von seinem kleinen Heimatplaneten. Auf seiner Reise durch das Universum gelangt er eines Tages auf die Erde. Dort erwartet ihn eine große Enttäuschung.

(...) Da war ein blühender Rosengarten.
„Guten Tag", sagten die Rosen.
Der kleine Prinz sah sie an. Sie glichen alle seiner Blume.
„Wer seid ihr?" fragte er sie höchst erstaunt.
„Wir sind Rosen", sagten die Rosen.
„Ach!" sagte der kleine Prinz...

Und er fühlte sich sehr unglücklich. Seine Blume hatte ihm erzählt, daß sie auf der ganzen Welt einzig in ihrer Art sei. Und siehe: Da waren fünftausend davon, alle gleich, in einem einzigen Garten!

Sie wäre sehr böse, wenn sie das sähe, sagte er sich... sie würde fürchterlich husten und so tun, als stürbe sie, um der Lächerlichkeit zu entgehen. Und ich müßte wohl so tun, als pflegte ich sie, denn sonst ließe sie sich wirklich sterben, um auch mich zu beschämen...Dann sagte er sich noch: Ich glaubte, ich sei reich durch eine einzigartige Blume, und ich besitze nur eine gewöhnliche Rose. Sie und meine drei Vulkane, die mir bis ans Knie reichen und von denen einer vielleicht für immer erloschen ist, das macht aus mir keinen sehr großen Prinzen... Und er warf sich ins Gras und weinte.

Bald darauf fand der kleine Prinz zum Glück einen Freund, den wilden Fuchs. Dieser ließ sich zähmen und vermittelte dem kleinen Prinzen eine wichtige Botschaft.

(...) So machte denn der kleine Prinz den Fuchs mit sich vertraut. Und als die Stunde des Abschieds nahe war:
„Ach!" sagte der Fuchs, „ich werde weinen."
„Das ist deine Schuld", sagte der kleine Prinz, „ich wünschte dir nichts Übles, aber du hast gewollt, daß ich dich zähme ..."
„Gewiß", sagte der Fuchs.
„Aber nun wirst du weinen!" sagte der kleine Prinz.
„Bestimmt", sagte der Fuchs.
„So hast du also nichts gewonnen!"
„Ich habe", sagte der Fuchs, „die Farbe des Weizens gewonnen." Dann fügte er hinzu: „Geh die Rosen wieder anschauen. Du wirst begreifen, daß die deine einzig ist in der Welt. Du wirst wiederkommen und mir adieu sagen, und ich werde dir ein Geheimnis schenken."
Der kleine Prinz ging, die Rosen wiederzusehn:
„Ihr gleicht meiner Rose gar nicht, ihr seid noch nichts", sagte er zu ihnen. „Niemand hat sich euch vertraut gemacht, und auch ihr habt euch niemandem vertraut gemacht. Ihr seid, wie mein Fuchs war. Der war nichts als ein Fuchs wie hunderttausend andere. Aber ich habe ihn zu meinem Freund gemacht, und jetzt ist er einzig in der Welt."

Und die Rosen waren sehr beschämt.
„Ihr seid schön, aber ihr seid leer", sagte er noch. „Man kann für euch nicht sterben. Gewiß, ein Irgendwer, der vorübergeht, könnte glauben, meine Rose ähnle euch. Aber in sich selbst ist sie wichtiger als ihr alle, da sie es ist, die ich begossen habe. Da sie es ist, die ich unter den Glassturz gestellt habe. Da sie es ist, die ich mit dem Wandschirm geschützt habe. Da sie es ist, deren Raupen ich getötet habe (außer den zwei oder drei um der Schmetterlinge willen). Da sie es ist, die ich klagen oder sich rühmen gehört habe oder auch manchmal schweigen. Da es meine Rose ist."
Und er kam zum Fuchs zurück:
„Adieu", sagte er...
„Adieu", sagte der Fuchs. „Hier mein Geheimnis. Es ist ganz einfach: Man sieht nur mit dem Herzen gut. Das Wesentliche ist für die Augen unsichtbar."
„Das Wesentliche ist für die Augen unsichtbar", wiederholte der kleine Prinz, um es sich zu merken.
„Die Zeit, die du für deine Rose verloren hast, sie macht deine Rose so wichtig."
„Die Zeit, die ich für meine Rose verloren habe ...", sagte der kleine Prinz, um es sich zu merken.
„Die Menschen haben diese Wahrheit vergessen", sagte der Fuchs. „Aber du darfst sie nicht vergessen. Du bist zeitlebens für das verantwortlich, was du dir vertraut gemacht hast. Du bist für deine Rose verantwortlich ..."

„Ich bin für meine Rose verantwortlich ...", wiederholte der kleine Prinz, um es sich zu merken. (...)

Georg Dionysius Ehret (1710-1770)

NADINE

Auf einer Anhöhe, welche zu einem Blick in die Weite der Umgebung einlud, stand das Haus der alten Tessie. Sie hatte einen grünen Daumen, wie man das so nannte, und ihr Garten war eine farbenprächtige Chronik von ihrer Fertigkeit im Umgang mit Blumen.
Ein junger Mann aus dem Dorf namens Sanko nahm auf dem Weg zur Arbeit gerne mal einen Umweg in Kauf, um einen Blick in Tessies Garten zu werfen. Das war ihm ein Frühstück für die Seele, und er redete mit Löwenmäulchen, Geißblatt und Rittersporn und ließ sich vom Charme der Wickenblüten um den Finger wickeln. Wenn er einmal eine Stunde später im Dienst sein mußte, nahm er sich Zeit, ihren Geschichten zu lauschen von der Anderwelt, aus der sie kamen, und in deren Händen unsere diesseitige Welt wohne. An Feiertagen überraschte er Tessie schon mal auf einen Schwatz, nicht ohne begründete Hoffnung auf Kuchen und Kaffee. Sanko revanchierte sich dann durch kleine Reparaturen, für die Tessies Daumen nicht geeignet war. Und er lernte von ihr die Gefühle der Pflanzen verstehen.
Nahe ans Haus geschmiegt wuchs eine stattliche Rose. Sie hieß Nadine und war von einer Schönheit, die einem den Atem stocken lassen konnte. Nadine liebte die bewundernden Blicke von Sanko. Doch der wahrte das Gesetz des echten Naturliebhabers: erstens, nimm ein Wunder wahr; zweitens, lasse es gebührend in Ruhe! Nur manchmal bettete Sanko voller Zärtlichkeit Nadines Blütenköpfchen in seine Hände, wie ein Liebender das Gesicht seiner Angebeteten. Und dann lag etwas in der Luft, was für Augenblicke die Zeit anhielt, und im Umkreis schien sich alles von der Kraft zu nähren, die in dieser Liebkosung war.
Einmal abends, als Tessie mit der Gießkanne ihre Zöglinge bewirtete, bemerkte sie, daß Nadine weinte. Und sie erfuhr von Nadines sehnlichem Wunsch, ein Mensch zu werden und in der Welt der Menschen zu leben, mit all ihren Sinnen, Träumen und Erfahrungen. So groß war Nadines Sehnsucht, daß Tessie die Blumen weithin auf den Hügeln und in den Tälern davon flüstern hörte: „Nadine liebt einen Menschen, so sehr, daß sie wie er werden möchte."
Als dann die Nacht über den Zaun kletterte und von einer Kostbarkeit in Tessies Garten zur anderen trippelte, lag etwas Versöhnliches über den Feldern. Die Grillen woben klingende Schleier ins Mondlicht, und über den Wäldern schwebte eine Fülle, in der selbst der Wind die Luft anhielt, so als genüge er mit großem Ernst einer anderen Pflicht als sonst.
In dieser Nacht machte Tessie kein Auge zu. Ihr Herz war aufgewühlt, als atme ein Wunder darin, das verborgenen Kräften gebot.
Am Morgen war Nadine verschwunden. Die Erde, in der ihre Wurzeln gewohnt hatten, duf-

tete, als Tessie sie durch die Finger krümelte. „Merkwürdig“, dachte sie - meinte damit aber nicht das Ereignis, sondern den Umstand, daß sie darüber nicht erstaunt war.
Sanko kam von da an immer seltener, und eines Tages war auch er nur mehr ein Lächeln in Tessies Erinnerung. Nach einer Zeit hörte sie, daß er ein schönes Mädchen zur Frau genommen habe und seitdem mit allem Glück dieser Welt in Berührung stehe.
Jahre später, als Tessies Zeit erfüllt war, setzte ihr die Dorfgemeinde ein Holzkreuz zum Gedenken. Eines Tages fand man einen Stein darunter, dessen Inschrift wie das Echo eines längst verklungenen Liedes war, das die Seele wärmte.

Am Ziel sind wir Rosen,
Form und Duft gewordenes Leben,
in Farben leuchtendes Glück
an den Ufern des Stroms,
der jedes Leuchten
als gute Botschaft
in sein Ziel trägt.

In Dankbarkeit,
Sanko, Nadine und Kinder

Peter Horton

Wirkteppich nach einem Entwurf von Edward Burne-Jones, Der Pilger im Garten (1901)

Jean Ignace Granville, Das ungefüllte Heckenröschen als Blaustrumpf (1867)

WIE AUS DORNRÖSCHEN EINE BLÜHENDE ROSE WURDE

Kinder brauchen Märchen, behauptet der berühmte Psychoanalytiker und Pädagoge Bruno Bettelheim. Märchen enthalten tiefe Weisheiten und Einsichten und helfen unseren Kindern dabei, die komplizierten Beziehungen zwischen den Menschen zu verstehen. Auch wir Erwachsenen können davon profitieren, wenn wir uns den tieferen Sinn dieser oft jahrhundertealten Überlieferungen verdeutlichen.
Die junge Prinzessin, die mit fünfzehn Jahren in einen tiefen Schlaf fällt und 100 Jahre lang hinter einer Dornenhecke verborgen bleibt, versinnbildlicht die Krise, die jedes Kind mit dem Eintritt der Pubertät erlebt.
Die Rosenhecke mit den vielen Dornen spielt in diesem Märchen eine entscheidende Rolle: Viele Königssöhne, die vorzeitig versuchen, einzudringen, kommen darin um. Erst als Dornröschen nach einer Phase der inneren Reifung bereit ist für die Liebe, trägt die Rosenhecke plötzlich große schöne Blüten und öffnet sich wie von selbst dem passenden Königssohn.

Das Märchen vom Dornröschen hat französische und italienische Wurzeln. Der vorliegende Text ist die deutsche Urfassung, die von den Brüdern Grimm zwischen 1812 und 1814 veröffentlicht wurde.

DORNRÖSCHEN

Ein König und eine Königin kriegten gar keine Kinder, und hätten so gern eins gehabt. Einmal saß die Königin im Bade, da kroch ein Krebs aus dem Wasser ans Land und sprach: „Dein Wunsch wird bald erfüllt werden und du wirst eine Tochter zur Welt bringen." Das traf auch ein, und der König war so erfreut über die Geburt der Prinzessin, daß er ein großes Fest anstellen ließ, und dazu lud er auch die Feen ein, die im Lande waren; weil er nur zwölf goldene Teller hatte, konnte er eine nicht einladen: es waren ihrer nämlich dreizehn. Die Feen kamen zu dem Fest und beschenkten das Kind am Ende desselben: die eine mit Tugend, die zweite mit Schönheit und so die andern mit allem, was nur auf der Welt herrlich und zu wünschen war; wie aber eben die elfte ihr Geschenk gesagt hatte, trat die dreizehnte herein, recht zornig, daß sie nicht eingeladen worden und rief: „Weil ihr mich nicht gebeten, so sage ich euch, daß eure Tochter an ihrem fünfzehnten Jahre an einer Spindel sich stechen und tot hinfallen wird." Die Eltern erschraken, aber die zwölfte Fee hatte noch einen Wunsch zu tun, da sprach sie: „Es soll aber kein Tod sein, sie soll nur hundert Jahre in einen tiefen Schlaf fallen."

Der König hoffte immer noch sein liebes Kind zu erretten, und ließ den Befehl ausgeben, daß alle Spindeln im ganzen Königreich sollten abgeschafft werden. Die Prinzessin aber wuchs heran und war ein Wunder von Schönheit. Eines Tages, als sie ihr fünfzehntes Jahr eben erreicht hatte, war der König und die Königin ausgegangen, und sie weilte ganz allein im Schloß, da ging sie aller Orten herum nach ihrer Lust, endlich kam sie auch an einen alten Turm. Eine enge Treppe führte dazu, und da sie neugierig war, stieg sie hinauf und gelangte zu einer kleinen Türe, darin steckte ein gelber Schlüssel, den drehte sie um, da sprang die Türe auf und sie war in einem kleinen Stübchen, darin saß eine alte Frau und spann ihren Flachs. Die alte Frau gefiel ihr wohl, und sie machte Scherz mit ihr und sagte, sie wolle auch einmal spinnen, und nahm ihr die Spindel aus der Hand. Kaum aber hatte sie die Spindel angerührt, so stach sie sich damit, und alsbald fiel sie nieder in einen tiefen Schlaf. In dem Augenblick kam der König mit dem ganzen Hofstaat zurück, und da fing alles an einzuschlafen, die Pferde in den Ställen, die Tauben auf dem Dach, die Hunde im Hof, die Fliegen an den Wänden, ja das Feuer, das auf dem Herde flackerte, ward still und schlief ein, und der Braten hörte auf zu brutzeln, und der Koch ließ den Küchenjungen los, den er an den Haaren ziehen wollte, und die Magd

ließ das Huhn fallen, daß sie rupfte, und schlief, und um das ganze Schloß zog sich eine Dornhecke hoch und immer höher, so daß man gar nichts mehr davon sah. Prinzen, die von dem schönen Dornröschen gehört hatten, kamen und wollten es befreien, aber sie konnten durch die Hecke nicht hindurch dringen.

Es war, als hielten sich die Dornen fest wie an Händen zusammen, und sie blieben darin hängen und kamen jämmerlich um.

So währte das lange, lange Jahre: da zog einmal ein Königssohn durch das Land, dem erzählte ein alter Mann davon, man glaube, daß hinter der Dornenhecke ein Schloß stehe, und eine wunderschöne Prinzessin schlafe darin mit ihrem ganzen Hofstaat; sein Großvater habe ihm gesagt, daß sonst viele Prinzen gekommen wären und hätten durchdringen wollen, sie wären aber in den Dornen hängen geblieben und todtgestochen worden.

„Das soll mich nicht schrecken", sagte der Königssohn, „ich will durch die Hecke dringen und das schöne Dornröschen befreien"; da ging er fort, und wie er zu der Dornenhecke kam, waren es lauter Blumen, die taten sich voneinander, und er ging hindurch, und hinter ihm wurden es wieder Dornen.

Da kam er ins Schloß, und in dem Hof lagen die Pferde und schliefen und die bunten Jagdhunde, und auf dem Dach saßen die Tauben und hatten ihre Köpfchen in den Flügel gesteckt, und wie er hineinkam, schliefen die Fliegen an den Wänden, und das Feuer in der Küche; der Koch und die Magd, da ging er weiter, da lag der ganze Hofstaat und schlief, und noch weiter, der König und die Königin; und es war so still, daß einer seinen Athem hörte, da kam er endlich in den alten Thurm, da lag Dornröschen und schlief.

Da war der Königssohn so erstaunt über ihre Schönheit, daß er sich bückte und sie küßte, und in dem Augenblick wachte sie auf, und der König und die Königin, und der ganze Hofstaat, und die Pferde und die Hunde, und die Tauben auf dem Dach, und die Fliegen an den Wänden, und das Feuer stand auf und flackerte und kochte das Essen fertig, und der Braten brutzelte fort, und der Koch gab dem Küchenjungen eine Ohrfeige, und die Magd rupfte das Huhn fertig. Da ward die Hochzeit von dem Königssohn mit Dornröschen gefeiert, und sie lebten vergnügt bis an ihr Ende.

Wie eine Rose unter den Dornen,
so ist meine Freundin unter den Töchtern.

Hohelied 2,2

SCHNEEWEISSCHEN UND ROSENROT

Auch das Märchen von Schneeweißchen und Rosenrot läßt interessante psychologische Deutungen zu. Hier verkörpern zwei Mädchen mit Rosennamen das Prinzip Unschuld. Die zwei männlichen Wesen, der zahme Bär und der garstige Zwerg, repräsentieren das männliche Element, das zunächst bedrohlich erscheint. Die Mutter ermutigt ihre beiden Töchter dazu, die Scheu vor dem Bären, sprich Mann, zu verlieren. Auch mit dem boshaften Zwerg setzen sich die Mädchen dreimal auseinander.
Als dann der Bär den Zwerg besiegt und dadurch seine menschliche Gestalt zurückgewinnt, ist die Botschaft des Märchens komplett: Der Bär besiegt den Zwerg im Kampf, wird erlöst und entpuppt sich als ein liebenswertes männliches Wesen. Eine erfüllte Liebesbeziehung kann beginnen.

Eine arme Witwe, die lebte einsam in einem Hüttchen, und vor dem Hüttchen war ein Garten, darin standen zwei Rosenbäumchen, davon trug das eine weiße, das andere rote Rosen: und sie hatte zwei Kinder, die glichen den beiden Rosenbäumchen, und das eine hieß Schneeweißchen, das andere Rosenrot (...)
Die beiden Kinder hatten einander so lieb, daß sie sich immer an den Händen faßten, sooft sie zusammen ausgingen; und wenn Schneeweißchen sagte „wir wollen uns nicht verlassen“, so antwortete Rosenrot „so lange wir leben nicht“, und die Mutter setzte hinzu „was das eine hat, solls mit dem andern teilen.“ Oft liefen sie im Walde allein umher und sammelten rote Beeren, aber kein Tier tat ihnen etwas zuleid, sondern sie kamen vertraulich herbei; das Häschen fraß ein Kohlblatt aus ihren Händen, das Reh graste an ihrer Seite, der Hirsch sprang ganz lustig vorbei und die Vögel blieben auf den Ästen sitzen und sangen, was sie nur wußten. Kein Unfall traf sie; wenn sie sich im Walde verspätet hatten und die Nacht sie überfiel, so legten sie sich nebeneinander auf das Moos und schliefen, bis der Morgen kam, und die Mutter wußte das und hatte ihretwegen keine Sorge (...)
Schneeweißchen und Rosenrot hielten das Hüttchen der Mutter so reinlich, daß es eine Freude war, hineinzuschauen (...)
Eines Abends, als sie so vertraulich beisammen saßen, klopfte jemand an die Türe, als wollte er eingelassen sein. Die Mutter sprach „geschwind, Rosenrot, mach auf, es wird ein Wanderer sein, der Obdach sucht.“ Rosenrot ging und schob den Riegel weg und dachte, es wäre ein armer Mann, aber der war es nicht, es war ein Bär, der seinen dicken schwarzen Kopf zur Türe hereinstreckte. Rosenrot schrie laut und sprang zurück: das Lämmchen blökte, das Täubchen flatterte auf, und Schneeweißchen versteckte sich hinter der Mutter Bett. Der Bär aber fing an zu sprechen und sagte „fürchtet

euch nicht, ich tue euch nichts zuleid, ich bin halb erfroren und will mich nur ein wenig bei euch wärmen."

Gem. v Thom. Lawrence. Gest. v. A. Simon.

„Du armer Bär", sprach die Mutter, „leg dich ans Feuer, und gib nur acht, daß dir dein Pelz nicht brennt." Dann rief sie „Schneeweißchen, Rosenrot, kommt hervor, der Bär tut euch nichts, er meint's ehrlich." Da kamen sie beide heran, und nach und nach näherten sich auch das Lämmchen und Täubchen und hatten keine Furcht vor ihm. Nicht lange, so wurden sie ganz vertraut und trieben Mutwillen mit dem unbeholfenen Gast. Sie zausten ihm das Fell mit den Händen, setzten ihre Füßchen auf seinen Rücken und walgerten ihn hin und her, oder sie nahmen eine Haselrute und schlugen auf ihn los, und wenn er brummte, so lachten sie. Der Bär ließ sich's aber gerne gefallen, nur wenn sie's gar zu arg machten, rief er „laßt mich am Leben, ihr Kinder:
Schneeweißchen, Rosenrot,
schlägst dir den Freier tot."
Von nun an kam der Bär jeden Abend zu der bestimmten Stunde, legte sich an den Herd und erlaubte den Kindern, Kurzweil mit ihm zu treiben, so viel sie wollten; und sie waren so gewöhnt an ihn, daß die Türe nicht eher zugeriegelt ward, als bis der schwarze Gesell angelangt war.
Als das Frühjahr herangekommen und draußen alles grün war, sagte der Bär eines Morgens zu Schneeweißchen „nun muß ich fort und darf den ganzen Sommer nicht wiederkommen."
„Wo gehst du denn hin, lieber Bär?" fragte Schneeweißchen. „Ich muß in den Wald und meine Schätze vor den bösen Zwergen hüten."
(...) Schneeweißchen war ganz traurig über den Abschied, und als es ihm die Türe aufriegelte und der Bär sich hinausdrängte, blieb er an dem Türhaken hängen, und ein Stück seiner Haut riß auf, und da war es Schneeweißchen, als hätte es Gold durchschimmern gesehen: aber es war seiner Sache nicht gewiß. Der Bär lief eilig fort und war bald hinter den Bäumen verschwunden.

Nach einiger Zeit schickte die Mutter die Kinder in den Wald, Reisig zu sammeln. Da fanden sie draußen einen großen Baum, der lag gefällt auf dem Boden, und an dem Stamme sprang zwischen dem Gras etwas auf und ab, sie konnten aber nicht unterscheiden, was es war. Als sie näherkamen, sahen sie einen Zwerg mit einem alten, verwelkten Gesicht und einem ellenlangen schneeweißen Bart. Das Ende des Bartes war in eine Spalte des Baums eingeklemmt, und der Kleine sprang hin und her wie ein Hündchen an einem Seil und wußte nicht, wie er sich helfen sollte. Er glotzte die Mädchen mit seinen roten feurigen Augen an und schrie „was steht ihr da! Könnt ihr nicht herbeigehen und mir Beistand leisten?"
„Was hast du angefangen, kleines Männchen?" fragte Rosenrot. „Dumme neugierige Gans", antwortete der Zwerg, „den Baum habe ich mir spalten wollen, um kleines Holz in der Küche zu haben; bei den dicken Klötzen verbrennt gleich das bißchen Speise, das unsereiner braucht, der nicht so viel hinunterschlingt als ihr grobes, gieriges Volk. Ich hatte den Keil schon glücklich hineingetrieben, und es wäre alles nach Wunsch gegangen, aber das verwünschte Holz war zu glatt und sprang unversehens heraus, und der Baum fuhr so geschwind zusammen, daß ich meinen schönen weißen Bart nicht mehr herausziehen konnte; nun steckt er drin, und ich kann nicht fort. Da lachen die albernen glatten Milchgesichter! Pfui, was seid ihr garstig!" Die Kinder gaben sich alle Mühe, aber sie konnten den Bart nicht herausziehen, er steckte zu fest. „Ich will laufen und Leute herbeiholen", sagte Rosenrot. „Wahnsinnige Schafsköpfe", schnarrte der Zwerg, „wer wird gleich Leute herbeirufen, ihr seid mir schon um zwei zu viel; fällt euch nichts Besseres ein?"
„Sei nur nicht ungeduldig", sagte Schneeweißchen, „ich will schon Rat schaffen", holte ein Scherchen aus der Tasche und schnitt das Ende des Bartes ab. Sobald der Zwerg sich frei fühlte, griff er nach einem Sack, der zwischen den Wurzeln des Baumes steckte und mit Gold gefüllt war, hob ihn heraus und brummte vor sich hin „ungehobeltes Volk, schneidet mir ein Stück von meinem stolzen Barte ab! Lohn's euch der Kuckuck!" damit schwang er seinen Sack auf den Rücken und ging fort, ohne die Kinder nur noch einmal anzusehen (...)

Es trug sich zu, daß bald hernach die Mutter die beiden Mädchen nach der Stadt schickte, Zwirn, Nadeln, Schnüre und Bänder einzukaufen (...)
Als sie beim Heimweg wieder auf die Heide kamen, überraschten sie den Zwerg, der auf einem reinlichen Plätzchen seinen Sack mit Edelsteinen ausgeschüttet und nicht gedacht hatte, daß so spät noch jemand daherkommen würde. Die Abendsonne schien über die glänzenden Steine, sie schimmerten und leuchteten

so prächtig in allen Farben, daß die Kinder stehenblieben und sie betrachteten. „Was steht ihr da und habt Maulaffen feil!" schrie der Zwerg, und sein aschgraues Gesicht war zinnoberrot vor Zorn. Er wollte mit seinen Scheltworten fortfahren, als sich ein lautes Brummen hören ließ und ein schwarzer Bär aus dem Walde herbeitrabte. Erschrocken sprang der Zwerg auf, aber er konnte nicht mehr zu seinem Schlupfwinkel gelangen, der Bär war schon in seiner Nähe. Da rief er in Herzensangst „lieber Herr Bär, verschont mich, ich will Euch alle meine Schätze geben, sehet, die schönen Edelsteine, die da liegen. Schenkt mir das Leben, was habt Ihr an mir kleinem, schmächtigem Kerl? Ihr spürt mich nicht zwischen den Zähnen: da, die beiden gottlosen Mädchen packt, das sind für Euch zarte Bissen, fett wie junge Wachteln, die freßt in Gottes Namen." Der Bär kümmerte sich um seine Worte nicht, gab dem boshaften Geschöpf einen einzigen Schlag mit der Tatze, und es regte sich nicht mehr.

Die Mädchen waren fortgesprungen, aber der Bär rief ihnen nach „Schneeweißchen und Rosenrot, fürchtet euch nicht, wartet, ich will mit euch gehen." Da erkannten sie seine Stimme und blieben stehen, und als der Bär bei ihnen war, fiel plötzlich die Bärenhaut ab, und er stand da als ein schöner Mann und war ganz in Gold gekleidet. „Ich bin eines Königs Sohn", sprach er, „und war von dem gottlosen Zwerg, der mir meine Schätze gestohlen hatte, verwünscht, als ein wilder Bär im Walde zu laufen, bis ich durch seinen Tod erlöst würde. Jetzt hat er seine wohlverdiente Strafe empfangen."

Schneeweißchen ward mit ihm vermählt und Rosenrot mit seinem Bruder und sie teilten die großen Schätze miteinander, die der Zwerg in seiner Höhle zusammengetragen hatte. Die alte Mutter lebte noch lange Jahre ruhig und glücklich bei ihren Kindern. Die zwei Rosenbäumchen aber nahm sie mit, und sie standen vor ihrem Fenster und trugen jedes Jahr die schönsten Rosen, weiß und rot.

ROSEN FÜR FRANZ

Diese Legende beschreibt, wie auch ein Heiliger wie Franz von Assisi zur zärtlichen Liebe bekehrt werden kann...

Eines Tages wanderten Franz und Klara von Spello nach Assisi, in großer Unruhe des Herzens. Sie waren nämlich unterwegs in ein Haus eingetreten, wo man ihnen auf ihre Bitte etwas Brot und Wasser gab. Dabei hatten sie boshafte Blicke auf sich gezogen und allerlei Geflüster mit versteckten Anspielungen und Witzen hinnehmen müssen. So gingen sie schweigend dahin. Es war die kalte Jahreszeit und das Land ringsum mit Schnee bedeckt. Schon begann es am Horizont zu dunkeln. Da sagte Franz: „Hast du verstanden, was die Leute über uns gesagt haben?" Klara gab keine Antwort. Ihr Herz war wie von Zangen zusammengepreßt, und sie fühlte sich den Tränen nahe. „Es ist Zeit, uns zu trennen", sagte Franz schließlich. Da warf Klara sich mitten auf dem Weg in die Knie. Nach einer Weile erst hatte sie sich gefaßt, stand auf und ging mit gesenktem Haupt weiter, Franz hinter sich zurücklassend. Der Weg führte durch einen Wald. Auf einmal aber hatte sie nicht mehr die Kraft, so ohne Trost und Hoffnung, ohne Abschiedswort von ihm zu gehen. Sie wartete.

„Wann werden wir uns wiedersehen?"

„Im Sommer, wenn die Rosen blühen."

Da geschah etwas Wunderbares. Auf einmal war den beiden, als blühten ringsum auf den Wacholdersträuchern und den von Reif bedeckten Hecken eine Unzahl von Rosen. Nach dem ersten Staunen eilte Klara hin, pflückte einen Strauß Rosen und legte ihn Franz in die Hände. Von diesem Tag an aber waren Franz und Klara nie mehr getrennt.

UND DER WILDE KNABE BRACH'S RÖSLEIN AUF DER HEIDEN

Auch der Geheimrat Goethe benutzte das blumige Bild vom „Rosenbrechen" für die gewaltsame Entjungferung eines Mädchens.

Der Knabe, den Herder in der älteren Fassung des Liedes von 1773 beschreibt, versucht zumindest noch, die Lust des „Rösleins" zu wecken.

Heidenröslein

Sah ein Knab ein Röslein stehn,
Röslein auf der Heiden,
War so jung und morgenschön,
Lief er schnell, es nah zu sehn,
Sah's mit vielen Freuden,
Röslein, Röslein, Röslein rot,
Röslein auf der Heiden.

Knabe sprach: ich breche dich,
Röslein auf der Heiden,
Röslein sprach: ich steche dich,
Daß du ewig denkst an mich,
Und ich will's nicht leiden.
Röslein, Röslein, Röslein rot,
Röslein auf der Heiden.

Und der wilde Knabe brach's
Röslein auf der Heiden;
Röslein wehrte sich und stach,
Half ihm doch kein Weh und Ach,
Mußt' es eben leiden.
Röslein, Röslein, Röslein rot,
Röslein auf der Heiden.

Johann Wolfgang von Goethe

Röschen auf der Haide

Es sah ein Knab ein Röslein stehn,
Röslein auf der Haiden,
Sah, es war so frisch und schön,
Und blieb stehn, es anzusehn,
Und stand in süßen Freuden.
Röslein, Röslein, Röslein roth,
Röslein auf der Haiden.

Der Knabe sprach: „Ich breche dich,
Röslein auf der Haiden!"
Röslein sprach: „Ich steche dich,
Daß du ewig denkst an mich,
Daß ichs nicht will leiden."
Röslein, Röslein, Röslein roth,
Röslein auf der Haiden.

Doch der wilde Knabe brach
Das Röslein auf der Haiden;
Röslein wehrte sich und stach,
Aber es vergaß darnach
Beim Genuß das Leiden.
Röslein, Röslein, Röslein roth,
Röslein auf der Haiden.

Johann Gottfried Herder

ROSEN UND JUNGFRAUEN SIND BALD ENTBLÄTTERT

Walter Crane,
Die symbolische Rose (1890)

Wenn „die Rose bricht" oder „gebrochen wird", markiert dies das Ende der Jungfräulichkeit. Die Folgen drückt der Volksmund zuweilen recht plastisch aus, so wie im folgenden Lied, das von Mutter und Tochter im Wechsel gesungen wird.

Ach Muttter, ich bin im Rosengarten gewesen,
da hab ich mir einen Dorn in den Fuß getreten.
Jawohl – wohl einen Dorn in den linken Fuß,
davon du dreiviertel Jahr hinken mußt.
Da weinte das Mädchen so sehre.

ROSE IN GROSSVATERS GARTEN

samtübergossen die blüten von
schwarzem purpur in den gärten
flog mein kinderfuß überm
kies hängen verschollene
schritte und ihr duft
himbeersüß kandierte die sommer

Eva Acél

DER ROSENBEY

Im Orient und in Asien werden Rosen schon viel länger als in Europa kultiviert. So sollen auch die „hängenden Gärten der Semiramis" – eines der sieben Weltwunder – ungezählte Rosensträucher enthalten haben. Natürlich handeln auch viele orientalische Märchen von Rosen. Eines der schönsten ist „Der Rosenbey". Elsa Sophia von Kamphoevener hat diese Geschichte zu Beginn unseres Jahrhunderts gehört. Sie lebte eine Zeitlang als Mann verkleidet unter türkischen Nomaden und konnte so ihren abendlichen Erzählungen lauschen. Mit ihrer poetischen Sprache hat sie etwas vom Zauber dieser Lagerfeuerromantik eingefangen. Das Märchen beginnt mit dem frühen Tod der Mutter von Gülilah, der Rosengleichen. Der Vater, ein reicher Handelsherr, ist viel auf Reisen und heiratet schließlich wieder. Allmählich vergißt er seine Tochter, die in einem entfernten Teil des Frauenhauses von treuen Sklavinnen herangezogen wird. Immer wenn Gülilahs Einsamkeit zu groß wird, flüchtet sie sich in einen Rosenbusch. Hier kann sie Kontakt mit der verstorbenen Mutter aufnehmen.

(...) Sie eilte fliegenden Fußes davon, und ihre grauen Schleier, in die sie sich zu hüllen liebte, flatterten wie Taubengefieder um sie herum. Zum Rosenstrauch der Mutter, nur dorthin, nur schnell! Bei dem vertrauten Platz angelangt, hockte sich Gülilah am Rosenstrauch nieder, legte die Hände weich und fest an das starke Holz der Rose und sagte leise, bittend, innig: „Annam" (das ist „meine Mutter"), „ich habe Kummer, tröste mich." Kaum hatte sie das gesagt, als der Rosenstrauch auseinanderzufallen schien, sich öffnete, wie wenn der Vorhang vor einem Gemach zurückgeschlagen wird, und aus ihm hervor klang die weiche, zärtliche Stimme der Mutter. „Komm herein zu mir, mein Kind", sagte sie, „und dein Kummer wird vergehn." Zuerst erschrak Gülilah ein wenig, aber dann wurde ihr ganz leicht und freudig zu Sinn, sie lachte leise und rief glückselig: „Ich komme, Annam, geliebte Mutter, ich komme!" Sie trat ein in die schmale Öffnung, die ihre schlanke junge Gestalt weich umschloß, als umfange sie die Mutter, und der Rosenstrauch schloß sich hinter ihr. Alle Blüten wandten sich nach innen Gülilah zu, alle Dornen nach außen, wie Waffen auf einem Festungswall sich gegen den Feind richten.

Verzweifelt suchte Rukiya (Gülilahs Amme) ihrer aller Liebling, aber es dauerte bis zum Sonnenuntergang, daß sie an den Platz dachte, den die tote Herrin bevorzugte, und nun dort ihre bangen Rufe nach Gülilah erklingen ließ. Wie erstaunte sie, als eine frohe junge Stimme ihr aus dem Rosenstrauch heraus Antwort gab und gleich darauf der dornige Strauch seine blühende, duftende Innenseite zeigte! Heraus schlüpfte Gülilah, selbst einer Rose gleich duftend, und ungezählte Rosenblätter hafteten an

Scherenschnitt von
Elisabeth von Rathlef

ihren grauen Schleiern. „Ich war bei der Mutter, Rukiya, meine Seele, und ich bin so glücklich, oh so glücklich!“ Die alte Frau dachte sich, daß es mehr Wunder gebe, als ein Mensch allein verstehen könne, und wenn es nun so sich gestaltete, daß Gülilah von der neuen Herrin Ansprüche nichts bemerkte, vielmehr im Rosenstrauch geborgen blieb – wie gut war es dann, und wie beruhigt konnten sie alle sein! Und wirklich wurde es so, wie die treue Seele gehofft hatte. Da ihm niemand von Gülilah sprach, vergaß der Handelsherr bald, daß er jemals eine Tochter gehabt hatte, und Gülilah lebte von den Sklavinnen umsorgt und verhätschelt unbehelligt in den weiten Räumen des großen Hauses dahin. (...)

Die nächsten Jahre fließen ereignislos dahin, aus dem Kind Gülilah wird ein schönes junges Mädchen, das völlig arglos seiner Amme vertraut. Diese hat aus einer inneren Eingebung heraus beschlossen, daß ihr Schützling an einem Heiratswettbewerb teilnehmen soll. Der reichste junge Mann der Gegend, der Rosenbey, soll verheiratet werden. Mit einer List hat seine Mutter ihn dazu gebracht, sich endlich eine Braut zu suchen. Er wird das Mädchen heiraten, das am süßesten duftet, „einer kostbaren Rose gleich, einer einzigartigen.“
Da sich die heiratsfähigen Mädchen des Landes nur tief verschleiert präsentieren dürfen, ist der Rosenbey in großer Sorge, ob er – per Nase – auch die richtige Wahl treffen wird. Am festgesetzten Tag finden sich 16 Bewerberinnen im Hof des Harems ein. Natürlich ist jede von oben bis unten mit den kostbarsten Rosendüften einparfümiert. Die ahnungslose Gülilah wird in einer zugehängten Sänfte ebenfalls in den Innenhof gebracht. Nur für einen Moment verläßt sie die Sänfte. Der Rosenbey verliebt sich auf der Stelle in ihren Duft, denn Gülilah hat zuvor den Rosenstrauch der Mutter besucht und duftet unvergleichlich. Bevor der Bey aus seiner Verzauberung erwacht, ist Gülilah wieder fort, nur eine Rose bleibt zurück. Der Rosenbey verfällt in tiefen Liebeskummer. Erst als ihm Rukiya, die Amme, Gülilahs Versteck verrät, schöpft er wieder Hoffnung, seine Angebetete doch noch zu erobern.

(...) Leise und sacht strich der Bey mit seinen immer noch gehöhlten Händen an den Dornen des Rosenstrauches entlang. Da – Rukiya erschrak heftig – erklang aus dem Strauch die weiche Stimme Gülilahs; sie sagte: „Bist du es, mein Bey, mein Herr und Gebieter? Bist du es? Sprich!“ Ömer Bey drückte die Hände fest gegen die Brust und sagte leise wie ein Hauch: „Ich bin es, Rosengleiche! Ich kam, um an deinem Dufte zu genesen und zu neuem Leben zu erwachen. Warum aber verbirgst du dich vor mir? Darf ich nicht deine taubengrauen Schleier mit den Fingern streifen, zart und ehrfürchtig, wie man geweihte Talismane berührt, du Rosengleiche?“
Da klang ein helles, junges Lachen aus dem Rosenstrauch hervor, und Gülilah sagte heiter:

„Du darfst es nicht, Herr! Und ich verberge mich, weil mir so meine Mutter zu tun befahl. Sie schloß mich hier ein und befahl mir so zu sprechen: wenn er jetzt kommt, der vom Dufte deiner Rose träumt, dann sage ihm dieses: Der Strauch wird sich öffnen, wenn du ihn ausgegraben hast, tief und lange gegraben hast, vierzig Tage lang; zur selben Zeit sollst du auf deinem eigenen Grund ein Loch graben lassen, das ebenso tief sei wie dieses, das du um meinen Strauch ziehen lässest; dann bringe den Strauch hin zu deinem Grund und Boden, senke ihn dort in dein Erdreich, und der Strauch wird sich öffnen, dir die zu zeigen, die dir bestimmt ist. Vorher aber wirst du sie nicht erblicken. So, Herr, gab mir meine Mutter auf zu dir zu sprechen." Gülilah schwieg; Rukiya hatte sich ganz im Hintergrund verborgen, den Schleier noch fester um sich gezogen, und ihr Herz schlug schwer und hart vor Bangen. Was hatte sie da angerührt? Der Bey aber schien nicht erschrocken; er ließ sich vor dem Strauch nieder, auf den Absätzen hockend, und fragte: „Ist deine Mutter bei dir dort darinnen, Rosengleiche?"
„Nein, Gebieter, sie starb und ließ mir diesen Strauch als Trost zurück, und bin ich in ihm, höre ich ihre Stimme. Bisher konnte ich aus und ein, wann immer ich wollte, nun aber - vierzig Tage sind eine lange Zeit. Und wirst du graben lassen wollen, mein Bey?"
Ömer lachte leise, sagte schnell: „Wenn du mir eine deiner Wunderrosen zuwerfen kannst, so wird sie mich über die vierzig Tage fort trösten, und ich werde sogleich den Befehl geben, daß mit dem Graben begonnen wird. Bekomme ich die Rose?"
„Da ist sie, mein Bey", sagte die weiche Stimme, und ein winziger Spalt zeigte sich in den Dornen, zwei zarte Finger warfen eine Rose hindurch; ehe aber der Bey die Finger erfassen konnte, schloß sich der Spalt wieder, doch er hielt eine Rose in Händen, derjenigen gleich, die ihm solange ihren Duft geschenkt hatte und ihm frisch geblieben war. Kaum aber legte er die frische Rose neben die erste, die er noch hielt, als diese in duftenden Staub zerfiel. Der Bey wischte den Staub der ersten Träume von seinen Fingern, sprang auf, barg die zweite Rose in seinem Gewand, sagte heiter und eifrig: „Ich gehe, Rosengleiche, und bringe schon jetzt Arbeiter herbei. Immer werde ich hier sein, mit dir reden, mit dir scherzen, und jeden Tag sollst du mir eine neue Rose geben. Willst du es so, du Liebliche?"
„Ich will es, Herr", sagte die junge weiche Stimme, und als der Bey davoneilte, wollte es ihm scheinen, er habe Flügel an den Füßen, wie es von den Ifrits berichtet wird.
Und so, wie es geplant war, so geschah es. Jeden Tag und den ganzen Tag saß der Rosenbey vor dem Rosenstrauch, der seine Gefangene nicht freigab, und sie redeten, sie scherzten, sie glaubten sich sehen zu können. In Verborgenheit bei den Bäumen stand Rukiya, die auch immer wieder ihren Liebling fragte, ob nicht Hunger, nicht Durst sie plage? „Für den

Durst genügt der Tau, Rukiya, für den Hunger aber der Duft der Rosen: es ist, als sättige er mich gleich einer köstlichen Speise." Vierzig Tage, vierzig Nächte. Der Mann draußen vor dem dornigen Strauch, das Mädchen drinnen zwischen lauter Rosen, die Arbeiter im weiten Umkreise grabend, immer tiefer grabend, denn keine noch so zarte Wurzel durfte verletzt werden. Und ebenso andere Arbeiter im Grund und Boden des Rosenbey grabend nach gleicher Art. Die Tore blieben geschlossen, aber viel Volks stand draußen vor den Mauern, schweigend das Wunder dort drinnen bewachend. Und die Mutter des Bey richtete die Gemächer her für die, die als des Sohnes Braut einziehen sollte. Von all diesem wußte nur einer nichts, der Handelsherr, der Vater der Gülilah, und er erfuhr auch nie etwas davon, denn auf diesem Zuge ward er das Opfer räuberischer Scharen und nur ein Diener konnte entkommen und die schlimme Nachricht bringen, auch, daß des Gebieters Weib von den Räubern mitgeschleppt worden sei. So gab es niemanden, der Ja oder Nein zu sagen gehabt hätte, als am vierzigsten Tage die Grube um den Rosenstrauch ausgeschachtet war. Der sorgfältig dafür gebaute große und breite Wagen, gezogen von starken Maultieren, stand bereit, und mühsam, unter vielem Rufen und angstvollen Beschwörungen des Beys, man möge den Strauch nicht erschüttern, wurde er endlich aufgeladen, und die hohen Tore ihres Heimathauses öffneten sich, um Gülilah, die Gefangene des Rosenstrauches, hindurchzulassen. Der Rosenbey ging nebenher, sprach zu ihr, stellte besorgte Fragen, wenn auf der unebenen Straße der Wagen stieß; sie aber lachte nur, denn sie zitterte vor Freude und Erwartung. Wenn sie es auch nicht zugestand - welches Mädchen hätte solches jemals zugestanden; -, sie hatte ihn, den sie sonnengleich nannte, jeden Tag einmal gesehen. Wenn sie ihm die tägliche Rose durch den feinen Spalt reichte, dann spähte ein dunkles Auge an der winzigen Öffnung und erlabte sich am Anblick dessen, der Schicksal, Glück und Liebe bedeutete. Er aber? Er hatte sie noch niemals gesehen. Und wenn es auch die Sitte so erfordert, daß der Bräutigam die ihm Bestimmte erst anblickt, wenn sie ihm schon ehelich angetraut ist, hier hatte es etwas gegeben, das sonst niemals vorkam: sie hatten vierzig Tage lang miteinander gesprochen, sich alles Sehnen und Denken anvertraut und kannten sich, soweit sich Mann und Frau jemals kennen können. War sie so schön, so lieblich, wie der Rosenduft, der sie umgab, es ihm vorspiegelte? Oh, Ungeduld und Sehnen! Hätte er doch wieder wie damals Flügel des Ifrits an den Füßen, und schwebte doch der schwere Wagen mit seiner großen Last auf Wolken! So dachte Ömer auf dem ihm endlos erscheinenden Weg zu seinem weiten Besitz. Endlich nun, endlich! Da erblickte er schon eine Menschenmenge, vernahm das Rufen seiner Freunde, schritt ihm feierlich und freudig der Imam entgegen, der, kaum daß sich der Strauch öffnete, ihm die

Rosengleiche verbinden sollte. Nahe der großen weiten Grube sah er die tief verschleierte Mutter stehen, denn sie wollte die neue Tochter sogleich in ihre Obhut nehmen; neben der Mutter Ömers stand mit klopfendem Herzen die treue Rukiya. Jetzt dann - jetzt war es soweit! Der Wagen war derart gebaut worden, daß seine eine Seite sich kippen ließ. „Langsam, nur jetzt langsam!“ beschwor der Bey seine Arbeiter.
„Sei ohne Sorge“, rief die lachende Stimme aus dem Rosenstrauch, „ich halte mich fest, lasse sie nur tun!“
„Maschallah!“ riefen die, die zum ersten Male diese Stimme aus der Rose hörten und sich des Wunderns nicht genug tun konnten. Und jetzt, jetzt eben berührte die Erde des Rosenstrauches die Erde von des Beys Heimatgrund, jetzt eben sank der Strauch tiefer ein, sank, war am großen Erdblock im Grunde der Grube angelangt.
Kaum aber war das geschehen, als, ohne daß eine Hand sich rührte, die beiden Erdflächen sich aneinanderschlossen, und zugleich öffnete sich, wie ein Vorhang sich auftut, der Strauch. Da stand sie, Gülilah, die Rosengleiche. Hinter ihr Rosen, ihr zu Seiten Rosen und dazwischen die schlanke junge Gestalt, in ihre grauen Schleier gehüllt, die zwei schmale Hände über der Brust zusammenhielten. An diesen Schleiern aber war nicht ein einziges Teilchen, nicht ein Fältchen, das nicht ein Rosenblatt hielt, und so sah sie aus, als sei sie in Rosen gekleidet und von einer Wolke umschwebt. Schweigen grüßte diesen wundersamen Anblick, den niemand vergaß, dem er zuteil geworden war. Der Bey stand wie versteint, denn er glaubte, sein Herz müsse ihm zu den Lippen herausspringen, so wild tobte es in ihm. Dieses Wunder sein eigen? Diese Schönheit sein? In das Schweigen erhob sich langsam wie singend die tiefe Stimme des Imams, sprach, fragte, sprach wieder und sagte dann endlich: „Nimm, mein Sohn Ömer, dieses dein Weib Gülilah und sorge, daß kein Auge außer dem deinen ihre Rosenschöne betrachte.“ Da rührte sich Gülilah; sie streckte die Hände aus, und sogleich war Ömer bei ihr, hob die schmale Gestalt aus dem Rosengehäuse, hüllte seinen weiten Mantel um sie und trug sie mit federnden Schritten in sein Haus. (...)
Rukiya aber, die Treue, der dieser Tag die Freiheit gebracht hatte und die Gebieterin über die Sklavinnen der jungen Herrin wurde, sprach an diesem Abend zu ihren Untergebenen, den dienenden jungen Frauen und Mädchen. Sie sagte: „Hört mich, ihr, die ihr auch an Männerliebe denkt, hört, was ich euch sage! Dieses, was hier uns geschah, wird fortleben noch für Ungeborene, wird ein Beispiel sein für Liebe und ihre Wunder. Und wenn auch viele Zweifler sagen werden, es sei alles nur eine Sage, ein Märchen – laßt sie! Wir kennen die Wahrheit und die Wirklichkeit, und jede Rose, die aus unserem Tal ihren Duft entsendet, wird bis in fernste Zeit künden von Ömer und Gülilah. Elhamdülillah.“
Und so war es, so ward es, so blieb es.

Jose Tapiro y Baro, Braut in Tanger (1900)

WIE DIE GELBE ROSE ENTSTAND

Um 612 n. Chr. führte Mohammed gegen die Juden Krieg. Während seiner Abwesenheit schenkte seine Lieblingsfrau Ayescha ihre Gunst einem jungen Perser. Als Mohammed wieder in seine Heimatstadt Medina zurückkehrte, hegte er Zweifel an der Treue seiner Geliebten und ging den Engel Gabriel um Rat an. Dieser erschien ihm im Traum und sprach zu ihm: „Verlange von Ayescha, daß sie irgendeinen Gegenstand in den Brunnen des Palastes tauche. Wenn sie untadelig ist, so bleibt das Ding unverändert, wenn sie aber schuldig befunden wird, so ändert es die Farbe.“ Am folgenden Tag bat Mohammed Ayescha, welche gerade einen prächtigen Rosenstrauß in den Händen hielt, diesen in den Brunnen zu tauchen, was sie lachend tat. Aber als sie die Blumen herauszog, hatten sie eine wundervolle safrangelbe Farbe angenommen. Auf Grund dieses für Mohammed unglücklichen Wahrspruches ist der Sage gemäß die gelbe Rose entstanden.

aus dem „Journal des Roses“ von 1882

DIE MÄNNLICHE ROSE

Für die Araber ist die Rose ein Symbol männlicher Schönheit. Die Mohammedaner glauben, daß sie zusammen mit dem Reis aus dem Schweiß ihres Propheten entstanden ist. Daher verehren sie die Blume so sehr, daß sie eine zu Boden gefallene Rose stets aufheben, respektvoll küssen und dann an einen sicheren Platz legen, wo sie vor jeder Entweihung sicher ist.

Pierre Joseph Redouté (1821)

Maria von Geldern als Madonna, Gebetbuch (1415)

MARIA DURCH EIN DORNWALD GING

Männliches und Weibliches - Staubgefäße und Stempel sind in der Rosenblüte zusammen angelegt; die Rose kann also auf Insektenbefruchtung verzichten, „die Rose bedarf anscheinend keines Zeugungsaktes“. Vielleicht hat diese biologische Tatsache damit zu tun, daß sich schließlich auch die katholische Kirche der Rose annahm und seit dem Hochmittelalter ihre „Unschuld“ pries.
Zuvor waren Rosen von christlicher Seite als heidnisches Gewächs gebrandmarkt worden - so groß war die Angst vor dem üppigen Rosenkult rund um die Göttinnen Venus und Aphrodite gewesen.
Schließlich entwickelte sich die christliche Rose sogar zum Symbol der Jungfräulichkeit. So wird die Jungfrau Maria als „Rosa mystica“, als geheimnisvolle Rose, bezeichnet. In den frühmittelalterlichen Rosenkränzen wurde jedes Ave Maria zwischen den Vaterunsern durch eine geschnitzte Rose dargestellt, erst später ersetzte man sie durch einfache Perlen.
Maria und die Rose - ein unerschöpfliches Kapitel der Kirchenkunst. Zu den schönsten Motiven zählt die sitzende Madonna im Rosenhag (Rosengarten), auf anderen Gemälden verteilt sie Rosenkränze zum Rosenkranzfest, in geschnitzten Altären ist sie von einer Rosenaureole umgeben. Auch Rosenwunder werden der Gottesmutter zugeschrieben; so erzählt eines unserer schönsten Weihnachtslieder von der wunderträchtigen Beziehung zwischen der Gottesmutter und ihrem floralen Wahrzeichen: der Rose.

„Maria durch ein Dornwald ging,
da haben die Dornen Rosen getragen.“

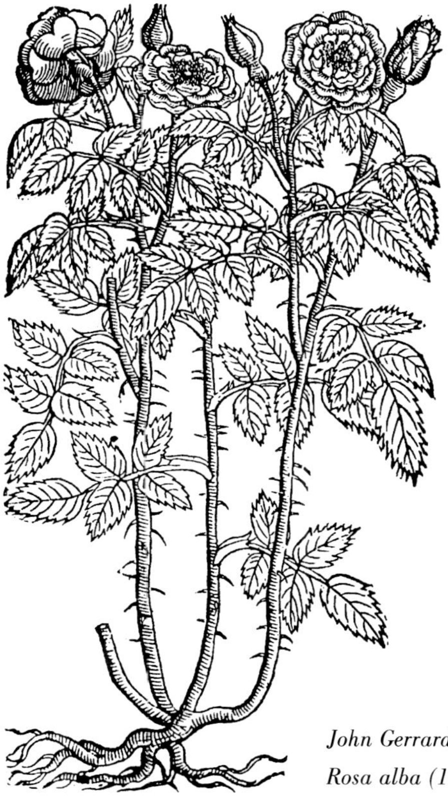

John Gerrard,
Rosa alba (1597)

Sei gegrüßt, du schönste Frau,
Edelstein und Perle,
Stolz der Jungfraun, sei gegrüßt,
Herrlichste der Jungfraun.
Sei gegrüßt, du Licht der Welt,
Weltenrose sei gegrüßt,
Blancheflor und Helena,
Du, o hehre Venus.

O du heller Morgenstern,
Herrschest hier im Irdischen,
Herrschest dort im Himmel.
Die im Grün du Veilchen gibst,
Rosen auch auf Dornen,
Dein sei Preis und Herrlichkeit
Du der Menschen Heilung.

Carmina Burana, 13. Jahrhundert

Albrecht Dürer,
Rosenkranzfest (1506)

DER ROSENROMAN

Das längste Rosengedicht der Welt stammt aus dem 13. Jahrhundert. Es umfaßt 24.000 Verse und wurde von zwei französischen Minnedichtern geschrieben.
Die ersten 4.000 Verse des „Roman de la Rose", des Rosenromans, verfaßte Guillaume de Lorris zwischen 1225 und 1240. 18.000 Verse stammen von Jean de Meun, der um 1270 den Roman, ebenfalls in Gedichtform, fortsetzte. Liebe bedeutete für ihn vor allem, zeugungsfähig zu sein, dementsprechend deutlich, zum Teil auch frauenfeindlich, sind seine sexuellen Anspielungen. Vom höfischen Ideal der „Liebe von fern" hielt er wenig.

(Ich) hatte mich dem Rosenbusch so sehr genähert, daß ich meine Hände ganz nach meinem Willen nach den Zweigen ausstrecken konnte, um die Knospe zu nehmen. Da bat mich der SCHÖNE EMPFANG bei Gott darum, daß dabei keine Gewalt angewandt werde; und ich gab ihm sehr die Versicherung, da er mich oft darum bat, daß ich niemals etwas tun würde außer seinen und meinen Willen. Den Rosenbusch ergriff ich an den Zweigen, die von edlerer Geschmeidigkeit sind als irgendeine Korbweide, und als ich mich mit beiden Händen an ihnen festhalten konnte, begann ich, ganz sanft und ohne mich zu stechen, die Knospe zu schütteln, denn ohne an ihr zu rütteln, hätte ich sie schwerlich bekommen. Zwangsläufig bewirkte ich so, daß alle Zweige sich schüttelten und bewegten, ohne jemals irgendeinen Zweig zu zerbrechen, denn ich wollte dort nichts beschädigen, doch mußte ich notwendig ein wenig von der Rinde verletzen; denn anders wußte ich nicht zu erlangen, wonach ich so große Sehnsucht hatte.
Am Ende, und nur so viel sage ich Euch, verstreute ich dort ein wenig Samen, als ich die Knospe geschüttelt habe; das geschah, als ich sie im Innern beim Untersuchen der Blütenblätter berührt habe; denn ich wollte alles bis auf den Grund des Knöspleins erforschen, wie mir das gut scheint. Und dann ließ ich die Samen sich so gut zu vermischen, daß

beide Bilder aus einer Handschrift des "Roman de la Rose" (14. Jh.)

sie sich kaum wieder voneinander trennen würden, derart daß ich das ganze zarte Knösplein sich dadurch erweitern und ausdehnen machte. Das ist alles, was ich dort Böses tat. (...) Bevor ich mich von dort zurückzog, wo ich noch gern geblieben wäre, pflückte ich mit großem Vergnügen die Blume des schönen dichtbelaubten Rosenstocks. So gewann ich die rote Rose. Dann wurde es Tag und ich erwachte."

Auguste Renoir (1841-1919). Rosenstilleben

DIE SINNLICHE ROSE

Rosen, ihr blendenden,
Balsam versendenden!
Flatternde, schwebende,
Heimlich belebende,
Zweiglein beflügelte,
Knospen entsiegelte,
Eilet zu blühn.

Engelschor aus dem „Faust"
von Johann Wolfgang von Goethe

Die schönen Wunder aus den sieben Reichen
Die bald Zitronenfalter, groß an Stielen,
Bald Zwergflamingos, die in Büsche fielen,
Bald Muscheln sind aus zauberstillen Teichen.

O meine Rosen. Herzen. Mögt ihr bleichen
Erschlafft, erschöpft von weißen
Sonnenspielen,
Verzehrt vom Überschwang, dem Allzuvielen;
Tragt singend euch zu Grabe, süße Leichen!

Ich will euch doch vom lieben Zweig nicht
trennen,
Euch nicht im engen, lauen Glase wissen,
Die kurze Spanne Blühn euch kunstreich
dehnen.

O gut: an unermeßlichem Glanz verbrennen,
Statt, von der heißen Erde fortgerissen,
Ein langes schales Leben hinzusehnen.

*Gertrud Kolmar**

**Die Dichterin wurde 1894 in Berlin geboren, 1943 als Jüdin deportiert. Ort und Datum ihrer Ermordung sind unbekannt.*

DIE ROSE IM LIEBESGEMACH

„Zur Vorbereitung des Liebesaktes liessen sich die römischen Liebenden den ganzen Körper mit wohlriechenden Salben und Ölen einreiben, nachdem sie sich mit parfürmiertem Wasser gewaschen hatten; der Weihrauch stieg im Liebesgemach empor wie bei einem Opfer; das Bett war von Blumengirlanden umgeben und mit Rosen bestreut. Es wurde wie die übrigen Möbel mit Narden und Cinnamomum besprengt. Der Liebesakt wurde durch häufige Waschungen mit parfürmierten Essenzen unterbrochen.“

Albert Hagen, 1901

AUF ROSEN GEBETTET

In der griechischen und römischen Antike war die Rose das Symbol der bedeutendsten Göttinnen, und der Rosenkult in den Tempeln der Aphrodite und Venus ist sagenumwoben: Von Aphrodite wird erzählt, daß sie geboren wurde, nachdem Kronos die Genitalien seines Vaters Uranus abgeschlagen und ins Meer geworfen hatte.

Dabei entstand ein Schaum, mit dem Uranos die formlose Materie befruchtete. Aus diesem erhob sich, nackt und auf einer Muschel stehend, Aphrodite, die Schaumgeborene. Neben ihr erwuchs ein Dornenstock. Die Götter beträufelten diesen mit Nektar, so daß aus den Dornen Rosen erblühten.

Die Angehörigen des Aphrodite-Kults huldigten der Liebesgöttin mit verschwenderischen Rosengaben und verwöhnten sich auch selbst mit Rosen.

Die sprichwörtliche Dekadenz der Römer führte zu einem Rosenenthusiasmus, der ohne Beispiel in der Geschichte ist.

Der verschwenderische wie auch grausame Kaiser Heliogabalus (3. Jahrhundert n.Chr.) gab beim Antritt seiner Herrscherzeit ein großes Fest. Er plazierte sich auf einer Galerie, von wo aus er den Saal und die Gäste gut überblicken konnte. Hinter den Geladenen ließ er alle Ausgänge schließen und befahl dann, dreimal Rosen über sie regnen zu lassen. Beim dritten Mal fielen die Rosenblüten so dicht und andauernd, daß die erschrockenen und in Beklemmung geratenen Gäste sich daraus kaum mehr befreien konnten. Endlich gebot der Kaiser, mit dem schreckhaften Spiel aufzuhören und ließ die Gäste befreien.

Vom griechischen Grammatiker Athenäus erfahren wir, daß die Königin Kleopatra zu Ehren von Marcus Antonius ein prunkvolles Fest geben ließ, an dem die Blüten den Boden

einen halben Meter hoch bedeckten. Über sie war ein feines Netz gespannt, damit man leicht über sie schreiten konnte.
Auf Polstern, gestopft mit Rosenblättern, delektierte man sich an Rosenpudding, naschte Rosenhonig, knabberte Rosenplätzchen, schlürfte Rosenwein; Rosenkränze galten als Schutzmittel gegen Trunkenheit. Bei Lustfahrten auf dem Golf von Puetoli wurde das Meer mit Rosen bestreut. Verres, Verwalter von Sizilien im 1. Jahrhundert v.Chr., ließ sich auf Rosenkissen in einer Sänfte umhertragen. Um den süßen Duft beständig einatmen zu können, hatte er Rosenkränze um Kopf und Hals gewunden und unter der Nase ein mit Rosen gefülltes Netz befestigt.

Sandro Botticelli Ausschnitt aus: Die Geburt der Venus (1487);

im Rosenregen ist die „Rosa alba“, heute bekannt unter dem Name „Maiden's Blush“

Rose, du thronende, denen im Altertume
warst du ein Kelch mit einfachem Rand.
Uns aber bist du die volle zahllose Blume,
der unerschöpfliche Gegenstand.

In deinem Reichtum scheinst du wie Kleidung um Kleidung
um einen Leib aus nichts als Glanz;
aber dein einzelnes Blatt ist zugleich die Vermeidung
und die Verleugnung jedes Gewands.

Seit Jahrhunderten ruft uns dein Duft
seine süßesten Namen herüber;
plötzlich liegt er wie Ruhm in der Luft.

Dennoch, wir wissen ihn nicht zu nennen, wir raten...
Und Erinnerung geht zu ihm über,
die wir von rufbaren Stunden erbaten.

Rainer Maria Rilke, „Sonette an Orpheus, VI"

P.F. von Seibold und J.G. Zuccarini, Rosa rugosa aus: „Flora japonica", 1835

ÜBER ALTE ROSEN

Einige Rosenliebhaber erinnern sich noch daran: die Zentifolie in Großmutters Garten hatte einen Duft, den keine spätere Rose erreichte. Diese 'rosa centifolia' gehört zu den lebenden Antiquitäten unter den heutigen Rosen. Rosensorten, die Jahrhunderte oder gar Jahrtausende alt sind, sind seit einiger Zeit wieder im Handel, erleben eine regelrechte Renaissance. Dies verdanken wir Rosenenthusiasten wie Gerda Nissen. Seit den siebziger Jahren ist die Holsteinerin in Norddeutschland unterwegs. Um alte Rosen zu finden, steckt sie mit Armen und Beinen häufig genug im Brombeergestrüpp und Brennesseldickicht.

Sie feierte gerade ihren 130. Geburtstag, was ich allerdings nicht wußte, als ich sie fand. Trotz ihres biblischen Alters war sie schön und reizvoll wie eine junge Frau. Umringt von unzähligen frischgrünen Ausläufern und umgeben von einer Wolke würzigsüßen Parfums steckte sie ihre Blüten neugierig durch einen bäuerlichen Maschendrahtzaun - zu neugierig, um unbemerkt zu bleiben.
Aus dieser ersten Begegnung mit einer alten Rose entstand im Laufe von acht Jahren eine Sammlung alter Rosen aus Dithmarschen, die am Dithmarscher Landesmuseum in Meldorf aufgepflanzt wurde. Viele von ihnen haben eine besondere Geschichte, wie ich überhaupt sagen muß, daß ich noch nie in meinem Leben soviel über Geschichte gelernt habe wie im Umgang mit diesen lebenden Antiquitäten. Sie führten mich ins alte Rom, zu den mittelalterlichen Mönchen und holländischen Blumenmalern, in den Garten der Kaiserin Josephine Bonaparte und sogar auf die „trails" der Gold und Land suchenden Abenteurer im Wilden Westen. (...) Ich lernte schnell, daß alte Rosen noch heute ein wanderlustiges Völkchen sind. Sie kommen oft von weit her oder gehen weit fort: eine Tochter (manchmal ist es auch ein Sohn!) verheiratet sich in eine fremde Gegend und nimmt ein Wurzelstück der alten Rose von zu Hause mit. Das war vor hundert Jahren so und geschieht noch heute. (...)
Es kann also überall geschehen, daß man einer alten Rose begegnet. Nicht nur in Norddeutschland, sondern überall dort, wo es alte Gärten und Friedhöfe gibt. Nicht nur auf dem Lande, sondern auch in der Großstadt. (...)

Was ist eine alte Rose?
Diese Frage wird mir oft gestellt. Sie ist gar nicht so leicht zu beantworten. Wer das Glück hat, im Garten noch eine vor 30 Jahren gepflanzte „Gloria Dei" zu pflegen, kann mit Recht stolz auf diese Veteranin sein. Sie ist gemessen an der heute üblichen Lebensdauer moderner Rosen alt – doch keine „alte Rose". Bis gegen Ende des 18. Jahrhundert gab es in Europa nur 30 - 40 Rosensorten, die sich in

Carl Herpfer,
Die Hochzeits-
gesellschaft
(1847)

sechs Rosenklassen einsortieren ließen. Diese sind inzwischen fast ausgestorben oder, deutlicher gesagt, „zu Tode gekreuzt" worden, um neue Klassen, nämlich unsere heutigen modernen mit Dauerblühern und Leuchtfarben zu erzielen.

Über die Entstehung der ältesten Rosen sind nur Mutmaßungen möglich. Selbst die moderne Wissenschaft kann mit dem Mittel der Chromosomenzählung und Genforschung das Dunkel, das die Herkunft der ältesten Gartenrosen umgibt, nur teilweise ausleuchten. Die europäischen Gartenrosen sind fast ausnahmslos vor Jahrtausenden aus Vorderasien über Kreta, Griechenland und Rom ins Abendland eingewandert. Die ältesten Klassen waren die Damaszenerrose, die Gallica-Rose und die Alba-Rose. Die frühesten Sorten dieser Klassen lieferten bereits vor 2000 Jahren Millionen von Blüten für die orgiastischen Feste in Rom und seit fast 100 Jahren den Grundstoff für Rosenwasser und Rosenöl.

Die alten Rosen waren frosthart, ausdauernd, stark duftend und blühten nur einmal im Sommer. Zusammen mit ein paar besonders hübschen Wildrosen blieben sie bis um 1800 in den Gärten Europas unter sich und lieferten auch alle Vorbilder für geschnitzte, geschmiedete und gemalte Rosen an alten Möbeln und auf den Gemälden vom Mittelalter bis zum Biedermeier.

Dann kamen mit den Ostindienfahrern aus China und Japan erstmalig neue Rosen ins Abendland. Die Neuankömmlinge aus den fernöstlichen Gärten waren zwar frostempfindlich, aber Dauerblüher und zum großen Teil Kletterrosen. Beides hatte es bisher in Europa nicht gegeben. Außerdem brachten sie ein klares, nicht blaustichiges Rot und ein schönes Gelb mit. Es waren die China-Rose, die Multiflora-Rose und die Teerose. Sie wurden jetzt eingekreuzt in die Klassen der alten Gartenrosen, um frostharte Dauerblüher und neue Farben zu erzielen. Zartgelbe und aprikosenfarbene Töne liefen den bisher gewohnten Farben – Weiß, Rosa, Rotviolett und Schwärzlichpurpur – schnell den Rang ab.

Die Zeit um 1800 brachte also einen radikalen Umbruch in der alten europäischen Rosenhierarchie. Das Rad einer rasanten Entwicklung begann sich zu drehen, und es war eine zierliche, gekrönte Frau, die dabei half, es energisch anzukurbeln. Kaiserin Josephine, die extravagante Frau Napoleons, legte im Schloßgarten von Malmaison die größte Rosensammlung ihrer Zeit an und machte damit die Rosenliebhaberei in Europa zur großen Mode. Ihre Leidenschaft beflügelte die Züchter zu einer geradezu fieberhaft betriebenen Produktion. Die Gärtner hatten freien Zutritt zu Josephinens Rosengarten, und auch der berühmte Rosenmaler Pierre-Joseph Redouté war ein häufiger Gast in Malmaison. Im Jahre 1814 enthielt der Garten der Kaiserin etwa 200 Rosensorten. (...)

Aus zeitgenössischen Katalogen und

Francois Boucher, Bildnis der Marquise de Pompadour (1756)

Rosenverzeichnissen ist geschlossen worden, daß in der kurzen Zeitspanne von rund 50 Jahren nach dem Tod der Kaiserin Josephine 1814 und vor der Einführung der jetzt als modern geltenden Rosenklasse der Teehybriden noch 5000 bis 6000 Rosensorten gezüchtet worden sind, die heute als alt gelten oder gelten würden, wenn sie noch existierten. Der Trennungsstrich zwischen alt und modern liegt zwischen den Teerosen und den aus ihnen hervorgegangenen Teehybriden. Die Einführung der Teehybridenklasse wurde nach einigem Hin und Her von den Rosenexperten auf das Jahr 1867 festgeschrieben.
Die alten einmalblühenden Rosen wurden von den dauerblühenden Neuzüchtungen, die in der zweiten Hälfte des 19. Jahrhunderts entstanden, sehr schnell aus den Gärten verdrängt. (...)
Erst in den ersten Jahrzehnten unseres Jahrhunderts, als die letzten Reste der fast ausgestorbenen alten Rosen noch in vernachlässigten Gärten oder vergessenen Rosenquartieren der Händler ein kümmerliches Dasein fristeten, fanden sich einige traditionsbewußte Rosenliebhaber, die alte Sorten sammelten und versuchten, ihre Namen und „Familienpapiere" wieder zusammenzubringen.
Ihnen ist es zu danken, daß wir heute von den Tausenden alter Rosen noch etwa 250 oder 300 bei einem halben Dutzend Händler in Europa kaufen können. (...)
In Dithmarschen gab es im Jahre 1975 noch über 250 Fundorte von alten Rosen. Bis 1983 waren sie auf weniger als die Hälfte zusammengeschrumpft. Gegen Maschinen, die Hecken ausbaggern und hundertjährige Wälle in wenigen Stunden abrasieren, ist im wahrsten Sinne des Wortes kein Kraut mehr gewachsen. (...)
Und zum Schluß eine Anregung, die ich selbst noch erst verwirklichen möchte: Alte Rosen sollten unseren Lieblingsplatz im Freien mit uns teilen. Bei stillem Wetter können sie einen ganzen Garten parfümieren. Ein Genuß, der gar nichts kostet und der so alt ist wie die ersten Gärten, die der Mensch sich schuf.

Gerda Nissen, „Alte Rosen"

Matthias Grünewald, Stuppacher Madonna (Detail, 1519)

La cour parfumée

Ludwig XV. von Frankreich und sein Hofstaat waren verrückt nach Rosenöl. „La cour parfumée", wie der Hof von Versailles spöttisch genannt wurde, verordnete sich fast jeden Tag ein neues Parfum, natürlich auf Rosenbasis!

KANDIERTE ROSEN, ERLESENE POTPOURRIS UND ANDERE KÖSTLICHE VERSUCHUNGEN

Rosen duften nicht nur unvergleichlich gut, sie schmecken auch lecker und haben Heilkraft. Das wußten schon unsere Altvorderen. Sie kannten viele raffinierte Rezepte und Tinkturen, von der Rosenpomade über Liebesöle bis zum Heilwasser (gegen Bluthochdruck, Schwangerschaftsstreifen oder Depressionen). Sie hatten allerdings noch keine Probleme mit giftigen Pflanzen-rückständen.
Wer heute Rosenprodukte kauft oder selbst her-stellt, sollte daher darauf achten, das die Ware biologisch einwandfrei und nicht künstlich

Alfred Stevens, Das Bad (um 1867)

gestreckt ist. Nur 100 Prozent echtes Rosenöl bzw. Rosenwasser entfalten ihre volle Wirkung; dafür sind sie natürlich teurer als die künstlich hergestellte Ware. Das liegt an der aufwendigen Herstellung. So müssen, um nur 1 kg Rosenöl herzustellen, allein fünf Tonnen Rosenblüten verarbeitet werden. Chemiker wissen, daß das Rosenöl das komplexeste aller etherischen Öle ist.

Ungarisches Schönheitswasser

Der Sage nach soll ein Eremit der Königin von Ungarn ein Rezept für ein Wasser zur Erhaltung ihrer Schönheit gegeben haben. Sie wurde davon so schön, daß der König von Polen um ihre Hand anhielt, als sie schon zweiundsiebzig Jahre alt war. Nach einer anderen Sage soll die Königin mit dem Wässerchen sogar ein gelähmtes Glied geheilt haben.

4 EL frischer zerstoßener Rosmarin
3 EL frische zerstoßene Minze
3 EL zerstoßene getrocknete Rosenblätter
1 EL geriebene Zitronenschale
1/8 l Orangenblütenwasser
150 ml Weingeist aus der Apotheke oder Korn oder Wodka

Alle Zutaten werden gut verschlossen für zwei Wochen in einem Glasgefäß im Dunkeln aufbewahrt. Dann das Wasser sehr sorgfältig durchfiltern und das Gefäß wieder luftdicht und dunkel verschließen. Regelmäßig das Gefäß mit Glaskugeln auffüllen, damit zwischen Stöpsel und Flüssigkeit so wenig Luft wie möglich Platz hat, denn deren Sauerstoff schadet dem Duft.

aus: Gisela Krahl/ Andrea Riepe, „Wonnestunden"

Die über 400 Einzelsubstanzen sind noch nicht einmal alle identifiziert. Der Duft der Rose ist Bestandteil der feinsten und verführerischsten Parfüms. Ein hervorragendes Sortiment an naturbelassenen Rosenölen und -düften ist über das Rosenmuseum Steinfurth (Bad Nauheim) zu beziehen; auch viele türkische Läden bieten gutes Rosenwasser an.

Duftwasser für die Betten

1,5 l Rosenwasser
je 5-10 Tropfen Lavendel, Nelken, Zimt, Sandelholz

Dieses Wasser riecht sehr schön würzig und schwer. Man kann es in den letzten Waschgang der Waschmaschine gießen oder die trockene Wäsche damit besprengen.

Krahl/Riepe

Rosenbowle I

3 cl Weinbrand * 3 Fl. trockener Riesling * 2 Fl. trockener Sekt * 6 frisch erblühte, stark duftende, ungespritzte Teerosen * 2 Eßl. Rosenwasser * 1 Tropfen Rosenöl

1 Flasche Riesling und den Weinbrand in ein verschließbares Gefäß geben, Rosenblätter, Rosenwasser und -öl dazufügen. Diesen zugedeckten Ansatz zwei Stunden ziehen lassen.
Gießen Sie die Flüssigkeit anschließend in ein Bowlegefäß um. Kurz vor dem Servieren mit dem restlichen Wein und dem eisgekühlten Sekt auffüllen.

aus: Monika Werner, „Ätherische Öle "

Indisches Rosen-Lassi
(Erfrischungsgetränk für heiße Tage)

500 g Naturjoghurt 3,5% * 1/4 l Wasser * 1 Eßl. Crème fraiche * 1/4 l Rosenwasser * 5 Eßl. Honig oder Ahornsirup * 2 Messerspitzen Safranpulver

Alle Zutaten in einem hohen Gefäß mit Pürierstab oder Mixer gut mischen, kalt stellen.

M. Werner

Gebackene Rosen

Man nehme weiße Rosen, putze das Gelbe heraus, auch die Stiele sauber ab und tauche sie in eine Creme, die aus Mehl, fein gestoßenen Mandeln, Zimt, Muskatnuß, Eiweiß, süßer Sahne und ein wenig Rosenwasser besteht; dann in Schmalz und Butter ausbacken.

aus der Enzyklopädie
von Johann Georg Krünitz, Berlin, 1819

Candirte Rosen

Man breche gut geschlossene Centifolien-Rosen nicht zu kurz vor dem Strauche ab, lasse 1 Pfund feinen Zucker, oder auch mehr oder weniger, je nachdem man Rosen candiren will, sieden, bis er sich zieht; dann hebe man ihn vom Feuer, lasse ihn verkühlen, wobei man ihn noch solange rührt, bis er anfängt dick und weiß zu werden. Hierauf tauche man die Rosen schnell in den Zucker und ziehe sie, wenn die Blätter den Zucker überall angenommen haben, durch die Finger, damit der überflüssige Zucker herabkommt. Man lege die Rosen auf einen reinen Bogen Papier und lasse sie an einem warmen Ort langsam trocknen und hart werden.

J. G. Krünitz

Rosentee I

Man nehme hierzu im Frühjahr die erst aufblühenden Rosen, entblättere sie und gieße heißes Wasser auf die zarten Blätter. Es soll ein blutreinigendes Mittel sein.

J. G. Krünitz

Rosenkonfitüre

Sie benötigen frische Blütenblätter von 20 gefüllten Rosenblüten, 1 kg Gelierzucker, 1 l Wasser und den Saft von 4 Zitronen. Rosenblätter in Wasser geben,. Zitronensaft und Gelierzucker gut einrühren. Alles etwa 1/2 Stunde kochen lassen. In Gläser abfüllen.

aus: Otto Bünemann, „Rosen"

Rosenbowle II

Dieses erfrischende Getränk krönt jedes Fest. Für acht Personen brauchen Sie 300 bis 400 g duftende (unbehandelte!) Rosenblätter, die Sie mit 150 g Zucker bestreuen und mit 10 ml Orangenlikör beträufeln. 1 Stunde zugedeckt im Kühlschrank ziehen lassen. Danach mit 1 l trockenem Weißwein übergießen und wieder 1 Stunde kaltstellen. Durchsieben und kurz vor dem Servieren 1 Flasche eisgekühlten Sekt dazugießen. Als Dekoration frische Blütenblätter auf der Bowle schwimmen lassen.

O. Bünemann

Rosentee II
Eine Handvoll getrocknete Rosenblätter mit 3/4 l Wasser überbrühen und 10 Minuten ziehen lassen. Heiß mit Honig gesüßt oder kalt mit Zitrone trinken. Rosentee beruhigt auch das Herz, stärkt Leber und Galle.

O. Bünemann

Dante Gabriel Rossetti, Die Geliebte (1873)

ROSENPOTPOURRI

Natürlich gibt es fertige Rosenpotpourris, aber reizvoller ist sicher ein selbstkomponierter Duft, möglichst noch mit Rosenblättern aus dem eigenen Garten.
Man schneidet die Rosen, wenn die Sonnenwärme ihren Duft entwickelt hat und nachdem der Morgentau getrocknet ist. Man zupft die reifen Blütenblätter aus den Kelchen, möglichst ohne sie zu drücken, legt sie auf Papier, bestreut sie leicht mit Salz und trocknet sie in einem luftigen Raum. Dabei sollten zartduftende Teerosenblätter und Rosen mit stärkerem Duft ausgeglichen gemischt sein. Der Rosenduft sollte in jedem Fall die anderen Duftstoffe beherrschen. Wenn die Zutaten gut gemischt sind, besprengt man sie mit ein wenig Alkohol oder Cognac. In einem gut verschließbaren Glasgefäß ruht das Potpourri dann vier bis fünf Wochen. Zum Gebrauch in offenen Schalen aufstellen.

I

140 Gramm rosafarbene Rosenblütenblätter
55 Gramm rote Rosenblütenblätter
55 Gramm Blüten von römischer Kamille
30 Gramm Heidekrautblüten
55 Gramm Quassiastückchen
55 Gramm in Stücke geschnittenes Zitronengras
30 Gramm gemahlene Iriswurzel
30 Gramm Eichenmoos in 2 bis 3 cm große Stücke geschnitten
20 Tropfen Rosengeranium, Teerosen oder Rosenöle

Rezept aus der Enzyklopädie Krünitz, Berlin 1819

II

100 g Rosenblütenblätter,
30 g Blüten der römischen Kamille,
30 g Orangenschalen,
30 g Lavendelblüten,
1 Zimtstange (möglichst gut zerkleinern),
10 Tropfen Rosenöl.

Alle Zutaten behutsam miteinander vermengen. Anschließend in ein Schraubglas füllen und gut verschlossen zwei Wochen ruhen lassen. Danach in eine schöne Schale füllen. Zur Auffrischung einige Tropfen Rosenöl auf die Mischung geben.

aus: Peter Coats, Rosen

Jan Brueghel, der Ältere, Der Geruch (um 1617)

Sammelbildchen Rose (1895)

DER LIEBESTRANK

In früheren Zeiten halfen weise Frauen liebeskranken Mädchen gern mit diesem „Zaubertrank“:

Trage, sagten sie, drei Rosen, eine dunkelrothe, eine blaßrothe und eine weiße drei Tage, drei Nächte und drei Stunden lang auf deinem Herzen, daß niemand sie sehn kann. Bete dreimal das Paternoster, dreimal das Ave Maria und mache das Zeichen des heiligen Kreuzes. Hänge dann die drei Rosen drei Tage, drei Nächte und drei Stunden lang in eine Flasche Wein, und laß den Gegenstand deiner Liebe trinken, ohne daß er wisse was darin war, und er wird dich mit ganzer Seele lieben und dir treu sein dein Leben lang.

Marie von Strantz, Berlin 1875

Die Rose sprach zum Mägdelein:
Ich muß dir ewig dankbar sein,
Daß du mich an den Busen drückst
Und mich mit deiner Huld beglückst.

Das Mägdlein sprach: O, Röslein mein,
Bild dir nur nicht zuviel drauf ein,
Daß du mir Aug und Herz entzückst.
Ich liebe dich, weil du mich schmückst.

Wilhelm Busch

J.W. Waterhouse (1849-1917), Psyche öffnet die Tür zu Cupids Garten

EIN „GEDICHT" AUS ROSEN UND CHAMPAGNER

Für ganz besondere Anlässe erdachte ein Hamburger Küchenchef dieses außergewöhnliche Gebäck: Eine Rosen-Champagner-Torte mit Erdbeeren und Rhabarber.

Sie benötigen zunächst einen Tortenring (24 cm) und einen Bisquitboden (1 cm hoch). Den Tortenring mit dem Bisquitboden auslegen. In diese vorbereitete Form die Rosen-Champagner-Creme einfüllen und ca. drei Stunden im Kühlschrank stocken lassen. Danach mit frischen Erdbeeren und gekochtem Rhabarber belegen und mit Rhabarbergelee glacieren.

Rosen-Champagner-Creme:

60 g Zucker, 6 Eigelb, 100 ml Champagner, 25 ml Rosenwasser, 1/2 Zitrone, 3 Blatt Gelatine, Rosenöl, 1/8 l Sahne.

Zubereitung:

Zucker, Eigelbe, Champagner und Rosenwasser über einem heißen Wasserbad mit dem Schneebesen aufschlagen, bis es eine dicke schaumige Masse ergibt. Den Saft einer halben Zitrone und drei Blätter kalt eingeweichte Gelatine beifügen. Die Schüssel mit der Creme in ein Wasserbad mit Eiswürfeln stellen und dann mit einem Teigschaber ca. zehn Minuten umrühren. Kurz vor dem Anstocken ein bis zwei Tropfen Rosenöl und 1/8 l steif geschlagene Sahne unterziehen. Sofort einfüllen.

Rhabarber:

4 Stangen Rhabarber schälen und kleinschneiden, 1/8 l Apfelsaft, 1/8 l Rotwein, 1/2 Zimtstange, 1 Vanilleschote, 350 g Zucker.

Zubereitung:

Alles in einen Topf geben, aufkochen lassen. Rhabarberstücke beigeben und garziehen lassen. Den Rhabarber herausnehmen, im Kühlschrank gut auskühlen lassen. Eine Schale Erdbeeren putzen, waschen und in Scheiben schneiden. Rhabarber und Erdbeeren nach Belieben auf der Torte verteilen. Den Rhabarbersaft durch ein feines Sieb passieren und mit 3 Blatt Gelatine versetzen. Das Gelee auf Eis kaltrühren und damit die Torte glacieren.

Eine Creation des Hamburger Küchenchefs Alexander Tschebull, Restaurant „Zum Wattkorn"

Rudolph Ernst (1854-1932), Die Parfummacher

Emil Nolde, Im Zitronengarten (1933)

DIE LIEBE

Die liebe
ist eine wilde rose in uns
Sie schlägt ihre wurzeln
in den augen,
wenn sie dem blick des geliebten begegnen
Sie schlägt ihre wurzeln
in den wangen,
wenn sie den hauch des geliebten spüren
Sie schlägt ihre wurzeln
in der haut des armes,
wenn ihn die hand des geliebten berührt
Sie schlägt ihre wurzeln,
wächst wuchert
und eines abends
oder eines morgens
fühlen wir nur:
sie verlangt
raum in uns

Die liebe
ist eine wilde rose in uns,
unerforschbar vom verstand
und ihm nicht untertan
Aber der verstand
ist ein messer in uns

Der verstand
ist ein messer in uns
zu schneiden der rose
durch hundert zweige
einen himmel

Reiner Kunze, Die wunderbaren Jahre

Daß die Rose Dir zum Beispiel werde!
Sonne , Tau und süßen Wind von Osten,
Allen Glanz und alles Glück der Erde
Weiß sie frei und unbesorgt zu kosten.
Des Propheten Weisheit braucht sie nicht:
Denn sie lebt ja so, wie jener spricht.

Aus dem Persischen
„Lieder des Hafis“

Hundert Hände
voll duftender Kräuter und Blumen
kannst du der Nachtigall darbringen,
aber der Vogel wünscht sich
in seinem beständigen Herzen
nichts als den süßen Atem
seiner geliebten Rose.

Morgenländisches Sprichwort

Meine und deine Begegnung
ist die von Rose und Tau –
Alles Lächeln von dir
und alles Weinen von mir.

Dard
(persischer Dichter)

O RÖSI DU NUSS

1 rösi
du
nuß
du
fee
du
feenuß
seit
je

2 o
rösi
du
eros
ion
meiner
ruh
du

3 rösi
wie
bohrst du
uns doch
in den zahn
dieser zeit
manch zeitloses
loch

4 blühst
im zehrosenteich
palamür
rösi
als schönste
zehrose
mir

5 rösi
du rilke-fan
rilkest doch viel zu schön
um immerzu brav
und allein
niemandes schlaf
unter so viel lidern
zu sein

6 mir wässert
o rösi
der mund
nach deinen
rund
hundert
rosigen
pfund

7 rösi
o spaß
du wendig
und schnappenden munds
bis dass
wir vierhändig
spielen
mit uns

8 o rösi
wie rund
dein körper
mir aalt
damit
mein mund
ihn zärtlich
bemalt

9 AUU
ich bin
doch kein
schnitzel
rösi
zügle
die zähne
ein bitzel

10 welch
ein gebimmel
o rösi
wenn du
dich selbst
lustig
als himmel
über mich
wölbst

11 küsse
die küssen begegnend
in deinem Geschlecht sich verloren
o rösi
wie schlägst du
die schenkel mir segnend
und weich um die ohren

12 im
ekstasen
fieber
wie süss
die rösigen
nasen
stüber
des knies

13 überstrahlst
die gewohnte
prosa
der triebe
o rösi
du monte
rosa
der liebe

14 hätte
nur jeder
ein krabbelröschen
wie dich
mit lustigem
zappelmöschen
bei sich –
ich glaube die leute
wären besser als heute

15 wer
o rösi
beschriebe
die wollust
des wohllauts
der liebe?

16 ganz
von dir
durchdut
rösi
ruht
sich
gut

17 ach
wie weisst du
zärtlich durchtrieben
mit binnenmuskeln
den muskel der liebe
für und für
zu lieben
in dir

18 mit deinem
körper fühlen
zu können
rösi
ach wunderbare
das wäre
erst die wahre
liebe zu nennen

19 o rösi
wie hat mir
liebe sublim
ihr sehr schönes bein
gestellt _
die härchen an ihm
sind fein
die feinsten
der welt

20 komm
wir zwei
wir gründen
eine partei
deren parole
programmt:
WERDET MITEINANDER
ZÄRTLICH
WIE SAMT

21 stolzer
als ein monarch
wache ich
rösi
über dein
sanftes
geschnarch

22 leuchtender noch
trat der Vollmond
herfür
rösi
ach träumte ich doch
deine träume
mit dir

23 so traut da
umbeint
wenn atem
und schlaf
uns hautnah
vereint

24 morgenstund
hat
blond
im mund

25 o rösi
wie zappelst
du bäuchlings
und streckst
mir den po
damit
ich dich so

26 ein tag
mit liebesakt
begonnen
ist
rösi
schon so gut
wie ganz gewonnen

Kurt Marti, „Zyklus zärtlicher Albernheiten"

O Röslein roth,
O Röslein schön,
O hätt ich niemals
Dich gesehn. –

Hausiererprodukt, um 1860

DER MANN, DER WIE EINE ROSE ROCH

Ein Mann roch auf einmal wie eine Rose. Er konnte nichts dagegen tun. Kam er in einen Laden, so hielten alle augenblicklich inne, schnupperten und sagten: „Es riecht nach Rosen. Als wären wir in einem Rosengarten."
Und solange der Mann im Laden blieb, konnte niemand etwas kaufen, alle blieben stehen und atmeten mit geschlossenen Augen den Duft ein.
Doch erklärte dieser Mann plötzlich, daß er es sei, der so wunderbar dufte, winkten alle ab oder beachteten ihn einfach nicht und atmeten weiter den Duft ein.
Wohin dieser Mann auch kam, keiner wollte ihm glauben, alle rannten um ihn herum und suchten die Rose. Doch ihn beachtete niemand.
Bei dem Mann zu Hause jedoch war alles genau umgekehrt. Kein Mensch konnte den Geruch der Rose mehr ertragen. Schließlich bekommt es jeder einmal satt, wenn es das ganze Jahr hindurch im Haus sehr stark nach etwas riecht.
Und außerdem: Wenn die Nachbarn Gemüsesuppe oder Pilzsuppe kochten oder Buletten brieten, roch alles nach Rosen. Die Hunde auf dem Hof rochen nach Rosen, sogar der Mülleimer roch danach.
Alle Nachbarn sagten, daß das Leben unerträglich geworden sei. „Jetzt weiß kein Mensch, ob die Suppe von gestern schon sauer ist oder nicht", beschwerten sich die Hausfrauen. „Es riecht nach Rosen, nach nichts anderem."
Die Mäuse im Haus vermehrten sich ganz fürchterlich, weil die Katzen sie nicht mehr am Geruch erkannten. Denn auch die Mäuse dufteten wie Rosen. Und die Katzen dufteten wie Rosen.
Schließlich beschloß der unglückliche Mann, in die Botanische Akademie zu gehen. Er hoffte, man würde dort herausfinden, was mit ihm los sei.
Und wirklich, in der Botanischen Akademie wurde er gleich von den Professoren umringt und zum Licht gedreht, und sie fingen an zu streiten, ob er eine gelbe oder eine weiße Rose sei. Die Professoren stritten lange, denn von der Farbe der Rose hing ab, wie man sie pflegen mußte.
Schließlich kamen die Professoren überein, daß er eine weiß-rosa Rose sei, und sie sagten dem Mann, daß sie ihn in einen Topf pflanzen wollten, um zu überprüfen, welchen Dünger er am besten vertrage und womit er am besten zu gießen sei.
Und dieser Mann, das sei hier angemerkt, blühte von der allgemeinen Aufmerksamkeit förmlich auf. Bereitwillig erlaubte er den Professoren, ihn in den Topf zu pflanzen und mit einem Bindfaden an einem langen Stock zu befestigen. Denn die Professoren erklärten

ihm, anderenfalls könnte er umknicken.
Er wurde wie alle weiß-rosa Rosen dreimal am Tag mit irgendeinem trüben Wasser begossen, so daß jedesmal seine Füße naß wurden, bis er sich schließlich erkältete und umknickte. Aber der Faden, mit dem er an den Stock gebunden war, hielt ihn tatsächlich fest.
Die Professoren untersuchten ihn alle halbe Stunde, und schließlich gaben sie ihm einen anderen Namen: er hieß nicht mehr weiß-rosa Rose, sondern rote Rose, denn vom Schnupfen war er rot geworden.
Als der Schnupfen vorbei war, untersuchten ihn die Professoren abermals und konnten sich nicht darüber einig werden, welche Farbe die Rose jetzt hatte.
Endlich verkündeten die Professoren, sie hätten eine neue Sorte gezüchtet - eine geruchlose blaßrosa Rose. Denn während der Behandlung hatte der Mann seinen Duft verloren.
Die erste Zeit hatte er Angst, man würde ihn davonjagen, aber seine Befürchtungen waren umsonst. Er wurde Ausländern vorgeführt und Besuchern der Akademie gezeigt, ja, es wurden sogar Vortragsreisen in andere Städte organisiert, wohin er, sich fest an seinen Topf klammernd, fuhr.
Mit der Zeit gewöhnte er sich daran, nichts mehr zu fürchten, das ständige Gießen mit kaltem Wasser hatte ihn abgehärtet, und damit er duftete, bespritzte man ihn mit dem Parfüm „Rotes Moskau". In den Interviews, die er später gab, erzählte er mit großem Vergnügen von der Zeit, als niemand an seinen Geruch glauben wollte und man ihn sogar aus seinem Haus jagte. Das einzige, was er nicht mochte, war Stallmist.
Doch Blumen sind unfreie Wesen, und so blieb ihm nichts anderes übrig, als das Leben der Blumen mit Fassung zu tragen.
Echte Blumen nämlich gedeihen auf Müll und nähren sich von dem, was abfällt.

Ljudmila Petruschewskaja

Duldsam

Des Morgens früh, sobald ich mir
Mein Pfeifchen angezündet,
Geh ich hinaus zur Hintertür,
die in den Garten mündet.

Besonders gern betracht ich dann
Die Rosen, die so niedlich;
Die Blattlaus sitzt und saugt daran
So grün, so still, so friedlich. ...

Sie nähert sich dem jungen Schaft
Der Rosen, eh sie welken;
Ameisen kommen, ihr den Saft
Sanft streichelnd abzumelken.

So seh ich in Betriebsamkeit
Das hübsche Ungeziefer
Und rauche während dieser Zeit
Mein Pfeifchen tief und tiefer.

Daß keine Rose ohne Dorn,
Bringt mich nicht aus dem Häuschen.
Auch sag ich ohne jeden Zorn:
Kein Röslein ohne Läuschen!

Wilhelm Busch

Ich würde die Zeit mit Rosen zudecken,
damit sie sich nicht erinnert,
eine Rose – anders – mit seltsamem Zauber
über jeder einsamen Stunde
aus Gold oder Schatten –
linderndes Vergessen für traurige Erinnerungen,
die wie göttliche Kletterrosen,
dunkelrote, weiße,
der Vergangenheit keinen Platz lassen.

Juan Ramon Jimenez

DIE KÄMPFERISCHE ROSE

Dornen

Wir haben Rosen
gepflanzt
es wurden Dornen

Der Gärtner
tröstet uns
die Rosen schlafen
man muß auch
seine
Dornenzeit lieben

Rose Ausländer

Wie Rosen

Haut streicht über Ihren Hals.
Finger.
Zärtlichkeit.
Zwei Finger.

Ihr Haar wie Seide.
Blätter.
Ihre Blätter wie Haar.
Haupt.

Ihre Dornen wie Waffen.
Blut.
Ihre Waffen wie Dornen.
Rot.

Männer schauen nach Frauen.
Augen.
Begierde.
Hände.

Frauen lassen Männer,
wie die Rosen die Menschen.

Christof Graf

GLORIA DEI

Wenn eine neue Rosensorte auf den Markt kommt, liegen schon mehrere Jahre der Erprobung hinter ihr. Nur die „kämpferischste" Rose - die mit den stärksten und besten Eigenschaften -, kann sich unter vielen hundert neugekreuzten Sämlingen durchsetzen.

Antonia Ridge erzählt in ihrem kleinen Roman die wahre und amüsante Geschichte zweier Rosenzüchterfamilien, die sich später sogar durch eine Heirat verbinden. Beide Sippen haben berühmte Rosensorten auf den Markt gebracht, aber ihr größter Erfolg gelingt dem Juniorchef Francis. Nach beschwerlichen und enttäuschenden Anfangsjahren als Züchter, in denen nicht eine einzige Jungpflanze seine Erwartungen erfüllt, züchtet er nach der „Golden State" die „Gloria Dei", die wichtigste Teehybride der Nachkriegszeit.

Papa Meilland sagt, wenn man das nächste Kapitel ihrer Familiengeschichte verstehen will, muß man ins Jahr 1935 „zurückblenden", als er wieder einmal Francis dabei half, fünfzig der vielversprechendsten jungen Sämlinge aus der großen Nachkommenschaft einer Kreuzung auszuwählen.
Wie immer, war auch diese neue Familie von Rosensämlingen riesig groß. Es waren mindestens achthundert. Und man darf Papa Meilland wohl glauben, daß es kein einfaches, leichtes Geschäft war, diese Heerscharen zu inspizieren und sich dann für fünfzig zu entscheiden. Gewiß, es war angenehm zu hören, daß Francis erklärte: „Oh, Papa macht niemals einen Fehler." Aber Papa selber hätte dafür doch nicht die Hand ins Feuer gelegt. Nein, wirklich nicht. Nicht, wenn er vor achthundert Sämlingen stand, von denen auch nicht einer wie der andere aussah.
Es wäre also treffender zu sagen, daß sie gemeinsam die fünfzig auswählten und dann behutsam in eins ihrer Versuchsbeete pflanzten, jeden einzelnen Sämling mit einem Etikett am dünnen Stiel. (...) Francis und Papa kontrollierten sie regelmäßig und sehr genau. Aber auch nicht eine der fünfzig neuen Rosensämlinge auf jenen Beeten sah irgendwie bemerkenswert aus. Und der winzig kleine in der hintersten Ecke mit dem Etikett 3-35-40 sah gewiß nicht bemerkenswerter aus als die neunundvierzig anderen. Ja, er war eigentlich nur noch so mit „hereingerutscht"; es könnte vielleicht etwas aus ihm werden, das war aber auch alles. Und im folgenden Jahr wurde der kleine 3-35-40 zusammen mit dieser ganz unauffälligen Familie neuer Rosen okuliert.

Vier Jahre später war die 3-35-40 zur Königin auf den Versuchsbeeten der Meillands geworden. Doch dann brach der Zweite Weltkrieg aus. In jenem Winter mußten sie eine bittere, herzzerbre-

chende Arbeit erledigen: Mit ihren eigenen Händen zerstörten die Meillands die zweihunderttausend ausgezeichneten Rosenstöcke, die ihnen soviel bedeuteten. Sie mußten jetzt Gemüse anbauen. Aber sie behielten doch genügend Rosenstöcke zurück, um das Geschäft später weiterführen zu können; und kurz bevor alle normalen Verbindungen in Europa abrissen, hatten sie noch drei kleine Päckchen mit der veredelten 3-35-40 abschicken können, an ihre Rosengärtnerfreunde in Italien, Deutschland und Amerika. Doch keiner wußte, ob sie je die Empfänger erreicht hatten. Sie konnten auch niemandem mitteilen, für welchen Rosennamen sie sich nun entschieden hatten. „Madame A. Meilland" sollte sie heißen, nach Papas verstorbener Frau.
Dann kam Nachricht aus Italien. Die 3-35-40 hatte alle Kriegswirren überstanden und trug dort den hoffnungsvollen Namen „Gioia", Freude.

„Dann sickerte die Nachricht durch, daß ihr freundlicher deutscher Kunde nicht nur sein Päckchen mit 3-35-40 sicher erhalten, sondern es auch trotz der vielen Schwierigkeiten und Widerstände fertiggebracht hatte, die Rose in seinem Garten auszuprobieren, und er war so in sie verliebt, daß auch er ihr einen Namen gegeben hatte: „Gloria Dei" (...)
Einen Monat nach der Befreiung Frankreichs kam ein Brief von ihrem amerikanischen Förderer.

Man müßte wohl ein Shakespeare oder Victor Hugo sein, um mit Worten beschreiben zu können, was sie fühlten, als Francis jenen ersten Nachkriegsbrief aus Amerika übersetzte und vorlas. Alles, was sie anfangs sagen konnten, war: „Ach, nein! Lies das noch einmal! Diesmal ein bißchen langsamer."
Auch Francis wollte kaum glauben, daß dies wirklich und wahrhaftig ein Brief von Robert Pyle war aus Pennsylvanien in Amerika. (...)
„Während ich diesen Brief diktiere", schrieb er, „hängt mein Blick voller Bewunderung an einer herrlichen Rose, deren blaßgoldene, cremig-elfenbeinfarbene Blütenblätter an dem leicht gekräuselten Saum in das zarteste Karmin übergehen. So steht sie vor mir, majestätisch, voller Verheißung, und ich glaube, sie wird die größte Rose dieses Jahrhunderts werden."

Walter Crane (19.Jh.), Darstellung einer Frau als Rose

Robert Pyle sang das Loblied der 3-35-40. Ihre Gebete waren erhört worden. Jener letzte Klipper aus dem besetzten Frankreich war wohlbehalten in Amerika angekommen. (...) Und Robert Pyle hatte keine Zeit verloren, er war sofort an die Arbeit gegangen. Er hatte 3-35-40 nicht nur selbst sofort vermehrt, die okulierten Stöcke ausgepflanzt und in seinen eigenen Versuchsbeeten getestet, sondern sie auch anderen bedeutenden Rosengärtnern, die überall in den Vereinigten Staaten ihre Rosenschulen hatten, zur Prüfung zugeschickt. (...)

Auf allen Feldern war sie ein großartiger Erfolg. Die Amerikaner waren offenbar begeistert, daß auch der Stock selbst ebenso hübsch war wie die Rose, die er trug. Er war ausdauernd, kräftig und widerstandsfähig, er hielt auch den verhängnisvollen Frösten im Frühling stand.
Noch zwei andere Eigenschaften der 3-35-40 hatten den amerikanischen Rosengärtnern ganz besonders gefallen: Die schönen Knospen öffneten sich viel langsamer als die Knospen anderer Rosen, und die vollaufgeblühten Rosen waren nicht nur sehr haltbar, sie bewahrten auch unverändert die zarte Frische der halbgeöffneten Knospen.

Wie es der französischen Züchterfamilie ging, wußte während des Krieges niemand in Übersee. Die amerikanische Rosengesellschaft beschloß daher, dieser außergewöhnlichen Rose, die aus dem elenden, vom Feind besetzten Frankreich gekommen und buchstäblich vom Himmel gefallen war, in einer feierlichen Zeremonie einen Namen zu geben.

Robert Pyle hatte sich mit anderen bedeutenden Rosengärtnern beraten, und miteinander hatten sie folgende Erklärung abgegeben: „Wir sind überzeugt, daß die größte neue Rose unserer Zeit nach dem sehnlichsten Wunsch der ganzen Welt genannt werden sollte: Peace - Frieden. Wir glauben, daß sie dazu bestimmt ist, als eine klassische Rose noch in den Gärten unserer Enkel und vieler nachfolgender Generationen zu blühen. (...)"

Papa Meilland sagt, daß sie noch keinen so willkommenen und so freundschaftlichen Brief aus Amerika erhalten hätten. In dieser Nacht nahm Francis seine Feder und versuchte aufzuschreiben, was ihre Herzen bewegte.
„Das Schicksal hat es gewollt", schrieb er, „daß unsere Rose 3-35-40 in verschiedenen Ländern verschiedene Namen trägt, aber alle diese Namen beweisen, daß vor einer so wunderschönen Rose alle Menschen guten Willens „Gloria Dei" singen, „Freude" erleben und den „Frieden" ersehnen. Und hier in Frankreich wird unsere Rose zum Andenken an eine geliebte Frau und Mutter blühen: „Madame A. Meilland."

Antonia Ridge, „Die Rosenfamilien"

Ode an die Rose

An die Rose,
an diese Rose,
die einzige,
an diese schwebende erschlossene
reife Rose,
an ihre samtene Tiefe,
an das Aufbrechen ihres Schoßes rot.
Sie glaubten,
ja,
sie glaubten,
ich verzichtete auf dich,
ich sänge dich nicht,
du wärest, Rose, nicht die meine,
sondern fremd mir,
ich ginge,
ohne dich anzuschauen,
durch die Welt,
einzig besorgt
um den Menschen
und seinen Kampf.
(...)

Werktätige Rose,
du wirkst
deinen Duft,
bereitest
dein scharlachrotes Erschließen oder deine
Weiße,
den ganzen Winter über
suchst du in der Erde,
schürfst du
Erze,
reißt aus der Tiefe
Feuer,
und dann
öffnest du dich,
Lichtes Schimmer, Lippe des Feuers,
der Schönheit Geleucht.

Mir
gehörst du
mir und allen,
obwohl
wir kaum
Zeit haben,
dich anzuschaun,
Leben, um
deinem Flammen unsere Sorgfalt
zu leihen,
Rose,
unser bist du,
du kommst
aus der aufgebrauchten Zeit
und schreitest vorwärts,
trittst aus den Gärten
in die Zukunft ein.
Du gehst
des Menschen
Weg;
unzerstörbar bist du, siegreich,
eine kleine
Fahnenknospe.
Unter deinem Banner, dem beständigen
und zarten aus Wohlgeruch,
die ernste Erde bezwang den Tod,
und der Sieg war dein Lohen.

Pablo Neruda

DIE BEWACHTE ROSE

Eines Tages begleitete der General Klinger, ein Jugendfreund Goethes, die Kaiserinmutter zum Zarenpalast nach Zarskoi-Selo. Auf einem seiner Spaziergänge durch die weitläufigen Gärten dort entdeckte er einen Wachposten an einer Stelle, wo weit und breit nichts zu bewachen war – außer einem gewöhnlichen Stückchen Rasen.

Ich blieb stehen und sah mir dieses Rätsel an. Der Soldat, schweigend und ernst, ging in seinem Diensteifer immer auf derselben unerklärlichen Stelle seine vorgeschriebenen zehn Schritte auf und ab. Endlich entschloß ich mich, ihn zu fragen: „Brüderchen, warum stehst Du hier?“ Er blieb stehen und antwortete mir in einem respektvollen Tone: „Euer Excellenz, weil es mir so befohlen worden ist.“ Ich wußte, daß eine zweite Frage unbeantwortet bleiben würde. An der Mittagstafel sah ich den wachhabenden Lieutnant. Ich fragte und erhielt dieselbe Antwort: „Der Soldat ist an die Stelle commandiert worden.“ – „Wer hat ihn commandiert?“ – „Das Wachreglement.“ – „Weshalb?“ – „Da müssen Sie den General fragen, der die Ordres verteilt.“ – „Offenbar ist doch an jener Stelle nichts zu bewachen!“ – „So scheint's.“ Der junge Mann sagte jetzt mit einem etwas impertinenten Accent: „Excellenz sind ja selbst Militair, werden wissen, daß wir niemals erfahren, weshalb wir etwas tun, es genügt, daß wir es tun.“
Mit diesem Satz hatte es allerdings seine Richtigkeit. Kurz darauf kehrte ich nach Petersburg zurück und konnte einem General, mit dem ich befreundet war, mein Anliegen vortragen. „Wir stellen diesen Posten schon über fünfzig Jahre aus, und immer steht nur in den Büchern: der Posten, fünfhundert Schritte vom östlichen Pavillon.“ – „Ach“, rief ich, „was sind das für sonderbare Dinge! Wer läßt denn ein Stück freies Feld bewachen? Geben sie doch Befehl, daß der unnütze Posten eingezogen wird.“ – „Das darf ich nicht. Der Befehl muß von Oben kommen; geschieht dies nicht, so wandert der Soldat noch nach hundert Jahren an dieser Stelle.“
Endlich wurde meine ungestillte Wißbegier auch in weiteren Kreisen des Hofes bekannt. Ein Umstand, der niemandem bis jetzt aufgefallen war, bekam plötzlich für viele eine Wichtigkeit. Eines Abends winkte mich die Kaiserinmutter beiseite und sagte lächelnd: „Nun hören Sie; man hat mir Bericht erstattet. Die Kaiserin Katharina ging eines Tages in ihren Gärten spazieren, und entdeckte eine frühzeitig aufgeblühte, besonders schöne Moosrose. Da den Morgen darauf der Geburtstag eines ihrer Enkel fiel, so wollte sie diesem die Rose geben, und gab dann Befehl, daß man eine Wache dabeistelle, damit die Rose nicht unterdessen gepflückt werde. Der Morgen des nächsten Tages kam, aber die Kaiserin vergaß die Rose.“
Der Posten wurde jetzt eingezogen.

Nach einem Bericht aus der „Gartenlaube“ von 1857

DIE NACHTIGALL UND DIE ROSE

Dieses berühmte Kunstmärchen von Oscar Wilde knüpft an viele orientalische Geschichten an, die von einer Seelenverwandschaft erzählen: so wie die Rose als Königin der Blumen gilt, so ist die Nachtigall die beste Sängerin unter den Vögeln. In diesem Märchen kämpft die Nachtigall für die Liebe und gibt ihr Leben, damit eine rote Rose erblühen kann.

„Sie würde mit mir tanzen, sagte sie, wenn ich ihr rote Rosen brächte“, rief der junge Student; „aber in meinem Garten gibt es nicht eine einzige rote Rose.“
Die Nachtigall, die in ihrem Nest in der Steineiche saß, hörte dies, blickte durch die Blätter und wunderte sich.
„Nicht eine einzige rote Rose ist in meinem Garten!“ rief er, und seine schönen Augen füllten sich mit Tränen. „Ach, von welch kleinen Dingen hängt doch das Glück ab! Ich habe alles gelesen, was die Weisen geschrieben und alle Geheimnisse der Philosophie sind mein; aber eine einzige rote Rose, die ich brauche und nicht finde, macht mein Leben elend.“
„Endlich ein wahrer Liebender“, sagte die Nachtigall. (...)
„Der Prinz gibt morgen abend einen Ball“, flüsterte der Student, „und meine Liebste wird dort sein. Bring ich ihr die rote Rose, wird sie mit mir tanzen, bis der Morgen graut. Bring ich ihr die rote Rose, werde ich sie in den Armen halten, ihren Kopf wird sie an meine Schulter lehnen und ihre Hand wird die meine umfassen. Aber es blüht keine rote Rose in meinem Garten; so muß ich einsam sein und sie wird an mir vorübergehn. Sie wird mich nicht beachten, und mein Herz wird brechen.“
„Wirklich ein wahrer Liebender“, wiederholte die Nachtigall. „Er leidet, was ich singe; für mich ist's die Freude, für ihn Pein. O sicher, Liebe ist etwas Wundervolles, edler als Smaragde und lieblicher als schillernder Opal. Perlen und Granate können sie nicht erkaufen, kein Markt bietet sie feil. Von keinem Kaufmann kann sie erworben, mit keinem Geld aufgewogen werden.“
„Die Musikanten werden auf ihrem Podium sitzen und auf ihren Geigen spielen“, sagte der Student. „Meine Liebste wird zum Klang der Harfe und der Geige tanzen. (...) Mit mir aber wird sie nicht tanzen, denn ich habe nicht die rote Rose für sie.“ Und er warf sich ins Gras, vergrub sein Gesicht in den Händen und weinte.
„Warum weint er?“ fragte die kleine grüne Eidechse, die mit schlängelndem Schwanz an ihm vorbeilief.
„Ja warum?“ sagte der Schmetterling, der nach einem Sonnenstrahl umherschaukelte. (...)
„Er weint um eine rote Rose“, sagte die Nachtigall.
„Um eine rote Rose“, riefen sie, „wie lächerlich!“ Und die kleine Eidechse, die immer ein wenig zynisch war, lachte laut auf.

Die Nachtigall aber verstand das Geheimnis dieses Kummers; sie saß schweigend in der Eiche und dachte über die Liebe nach.
Plötzlich breitete sie ihre Flügel aus und schwang sich in die Nacht. Sie durchstreifte den Hain wie ein Schatten, und wie ein Schatten schwebte sie über dem Garten.
Inmitten des Rasens stand ein schöner Rosenstrauch, und als die Nachtigall ihn sah, flog sie drauf zu und setzte sich auf einen Zweig.
„Schenk mir eine rote Rose", rief sie, „und ich sing dir mein lieblichstes Lied."
Aber der Rosenstrauch schüttelte den Kopf.
„Meine Rosen sind weiß", antwortete er, „so weiß wie der Gischt des Meeres und weißer als der Schnee auf den Bergen. Doch flieg zu meinem Bruder, der um die alte Sonnenuhr wächst; vielleicht gibt er dir, was du wünschst."
So flog die Nachtigall hinüber zum Rosenbusch, der um die alte Sonnenuhr wuchs.
„Schenk mir eine rote Rose", rief sie, „und ich sing dir mein schönstes Lied."
Doch der Rosenbusch schüttelte seinen Kopf.
„Meine Rosen sind gelb", erwiderte er, „gelb wie das Haar der Nixe, die auf dem Bernsteinthrone sitzt, und gelber noch als die Narzisse, die auf der Wiese blüht, bis der Schnitter mit seiner Sense kommt. Aber flieg zu meinem Bruder, der unterm Fenster des Studenten wächst, vielleicht gibt er dir, was du wünschst."
So flog die Nachtigall hinüber zum Rosenstrauch, der unterm Fenster des Studenten wuchs.
„Schenk mir eine rote Rose", rief sie, „und ich singe dir mein schönstes Lied."
Doch der Rosenstrauch schüttelte den Kopf.
„Mein Rosen sind zwar rot", erwiderte er, „rot wie die Füße der Taube und röter noch als die weiten Korallenfächer, die unter der Wölbung des Meeres wogen und wogen. Doch der Winter ließ meine Adern erstarren; der Frost tötete meine Knospen, und der Sturm knickte meine Zweige; in diesem Jahr werde ich keine Rosen mehr tragen."
„Eine einzige rote Rose will ich", rief die Nachtigall, „nur eine einzige rote Rose! Weißt du denn nicht, wo ich sie finden und wie ich sie gewinnen kann?"
„Es gibt wohl eine Möglichkeit", sprach der Rosenstrauch, „aber sie ist so schrecklich, daß ich sie dir nicht zu sagen wage."
„Sprich doch", sagte die Nachtigall, „ich fürchte mich nicht."
„Wünschst du eine rote Rose, so mußt du sie im Mondlicht formen aus Gesang und röten mit deinem Herzblut. Mit einem Dorn in der Brust mußt du für mich singen, singen die ganze Nacht, und der Dorn muß dein Herz durchbohren; dein Blut muß in meine Adern fließen und mein Blut werden."
„Der Tod ist ein hoher Preis für eine rote Rose", klagte die Nachtigall, „und jeder liebt das Leben. Herrlich ist es, in den grünen Wäldern zu sitzen, den goldnen Sonnenwagen zu schauen und die Perlengondel des Monds. Süß ist der Duft des Weißdorns, und süß sind die Glockenblumen, die im Tal sich verbergen,

und das Heidekraut, das am Hügel blüht. Doch mehr als das Leben ist die Liebe, und was ist schon das Herz eines Vogels gegen ein Menschenherz?“ (...)
Als der Mond am Himmel leuchtete, flog die Nachtigall zum Rosenstrauch und stach den Dorn in ihre Brust. Sie sang, den Dorn in ihrer Brust, die lange Nacht hindurch, und der Mond, der kristallne kalte, neigte sich herab und lauschte. Die ganze lange Nacht hindurch sang sie; immer tiefer drang der Dorn der Rose in ihre Brust, und ihr Blut verrann.
Zuerst sang sie vom Erwachen der Liebe im Herzen eines Jünglings und eines Mädchens. Und an der höchsten Spitze des Rosenstrauchs erblühte eine herrliche Rose, ein Blütenblatt folgte dem andern, wie ein Lied dem andern folgte. Noch war die Rose fahl wie der Nebel, der überm Flusse hing – fahl wie die Fußspitzen des Morgens und silbern schon wie die Flügel des erwachenden Tages. Wie das Bild einer Rose im Silberspiegel, wie das Bild einer Rose im Spiegel des Teichs, so war die Rose, die auf der höchsten Spitze des Rosenstrauchs sich entfaltete.
Doch der Strauß mahnte die Nachtigall, den Dorn tiefer in die Brust zu stechen. „Viel fester, kleine Nachtigall“, rief er, „oder der Tag kommt, noch ehe die Rose vollendet ist.“
Die Nachtigall preßte den Dorn tiefer in die Brust hinein, und immer lauter wurde ihr Lied, als sie von der keimenden Leidenschaft in der Seele eines Mannes und einer Jungfrau sang.
Ein zarter rötlicher Hauch überzog die Blüte wie das Antlitz des Bräutigams, der die Lippen der Braut küßt. Noch aber hatte der Rosendorn nicht das Herz der Nachtigall erreicht, so daß der Rose Herz noch weiß war; denn nur das Herzblut der Nachtigall kann das Herz einer Rose röten.
Und nochmals mahnte der Strauch die Nachtigall, den Dorn tiefer zu stechen. „Viel fester, kleine Nachtigall“, rief er, „oder der Tag kommt, noch ehe die Rose vollendet ist.“
Noch tiefer trieb die Nachtigall den Rosendorn in ihre Brust, und er berührte ihr Herz; wilder Schmerz durchzuckte sie. Bitter, bitter war der Schmerz, und wilder, immer wilder wurde ihr Lied, denn nun sang sie von der Liebe, die sich vollendet im Tode und unsterblich bleibt über das Grab hinaus.
Und die Rose rötete sich herrlich wie die Rose am östlichen Himmel. Dunkelrot war der Kelch der Blüte und wie ein Rubin glühend ihr Herz. Der Nachtigall Stimme aber verlor sich, ihre kleinen Flügel begannen zu flattern, und ein Schleier bedeckte die Augen. Leiser, immer leiser wurde ihr Lied, und enger schnürte sich ihre Kehle.
Da brach noch einmal die Flut der Töne hervor. Der weiße Mond hörte es; er dachte nicht mehr an den Morgen und säumte auf seiner Bahn. Die rote Rose hörte das Lied, zitterte vor Entzücken, und ganz öffnete sich ihre Blüte in die kalte Morgenluft. Das Echo trug es zu seiner purpurnen Wohnung in den Hügeln und weckte die

schlafenden Hirten aus ihren Träumen. Es wehte durchs Schilfrohr am Fluß, und das Schilf gab die Botschaft weiter dem Meer zu.
„Sieh doch, sieh!“ rief der Rosenstrauch. „Die Rose ist vollendet.“ Aber die Nachtigall gab keine Antwort; sie lag tot im hohen Gras, den Rosendorn im Herzen.

Als der Mittag kam, öffnete der Student sein Fenster und blickte hinaus. „Oh! Welch unermeßliches Glück“, rief er, „eine rote Rose! Mein Leben lang habe ich noch keine Rose gesehen wie diese. Sie ist so schön, daß sie wohl einen langen lateinischen Namen hat.“ Er beugte sich aus seinem Fenster und brach sie ab.
Dann setzte er seinen Hut auf und lief, die Rose in seiner Hand, zum Haus des Professors. Die Tochter des Professors saß gerade in der Laube und wickelte blaue Seide auf eine Spule; ihr kleiner Hund lag zu ihren Füßen.
„Sie sagten“, rief der Student, „Sie würden mit mir tanzen, wenn ich Ihnen eine rote Rose brächte! Hier ist die röteste Rose der Welt. Sie werden sie heute abend am Herzen tragen, und während wir tanzen, wird sie erzählen, wie sehr ich Sie liebe.“
Doch das Mädchen zog die Stirn in Falten. „Ich fürchte, sie wird nicht zu meinem Kleid passen“, antwortete sie, „und außerdem ließ mir des Kammerherrn Neffe echte Edelsteine überbringen. Und alle wissen doch, daß Edelsteine teurer sind als Blumen.“
„Oh, Sie sind undankbar, sehr undankbar“, sagte der Student zornig und warf die Rose auf die Straße. Sie fiel in den Rinnstein, und das Rad eines Wagens rollte über sie hin.
„Undankbar?“ sagte das Mädchen. „Ich glaube, Sie sind sehr ungezogen! Wer sind Sie denn schon? Ein kleiner Student. Ich glaube nicht, mein Herr, daß Sie Silberschnallen an Ihren Schuhen haben wie des Kammerherrn Neffe.“ Und sie stand von ihrem Stuhl auf und ging in das Haus.
„Was für eine alberne Angelegenheit ist doch die Liebe“, sagte der Student im Weggehn. „Sie ist nicht halb so nützlich wie die Logik, denn mit ihr läßt sich nichts beweisen. Sie erzählt immer von Dingen, die niemals geschehen, sie macht einen glauben, was nie wahr sein wird. Wirklich – sie ist nicht brauchbar. Ich will wieder Philosophie studieren und Metaphysik. Heutzutage achtet man nur den, der praktisch zu sein weiß.“
Er kehrte in sein Zimmer zurück, zog ein staubiges dickes Buch hervor und begann zu lesen.

Oscar Wilde

Die Rose des Schweigens

Im 16. und 17. Jahrhundert wurden die Decken von Rathaussälen und Versammlungsräumen häufig mit Rosen bemalt oder beschnitzt. Die Rosenmotive sollten die Verhandlungsführer zur Geheimhaltung mahnen.

Die Rose ist die Blume der Venus. Ihr Sohn Cupido weihte die Rose dem Gott des Schweigens, Harpokrates. Er wollte, daß niemand von seinen Missetaten erfuhr.
"Daher hängt der Gastgeber die Rose über dem Tisch auf, an dem er seine Freunde empfängt. Diese wissen dann, daß alles, was unter der Blume gesprochen wird, ein Geheimnis bleibt."

aus „Rosa Flos Veneris“, einer anonymen Schrift des 16. Jahrhunderts

Eine Lektion über die Tugenden und botanischen Eigenschaften der Rose, Holzschnitt aus "Rosa Gallica" (1515)

Das Rosenwunder der Heiligen Elisabeth

Im Jahre 1207 gebar Gertrud, die Gemahlin des Königs Andreas II. von Ungarn, eine Tochter, der man in der Taufe den Namen Elisabeth gab.
Schon als kleines Kind zeigte sie inniges Mitleid mit den Armen. Später vermählte sie sich mit dem Landgrafen Ludwig von Thüringen.

Ludwig ließ seiner frommen Gemahlin die vollste Freiheit zu wohltätigen Werken, und Elisabeth ließ ihrer Liebe zu den Armen vollen Lauf. Sie gab ihnen, was sie nur hatte, besuchte die Kranken in ihren Hütten und pflegte sie mit eigenen Händen.

Einst trug sie von der Wartburg aus einen kleinen rauhen Weg hinab unter ihrem Mantel Brot, Fleisch und Eier, die sie den Armen austeilen wollte.
Plötzlich stand ihr Gemahl Ludwig vor ihr und sagte zu ihr verwundert: „Laß sehen, was du da trägst“, und zog gegen ihren Willen den Mantel zurück, den sie ganz erschrocken an ihre Brust drückte.
Aber siehe, unter dem Mantel waren statt der Speisen weiße und rote Rosen, die schönsten, die der Landgraf je gesehen, was ihn um so mehr überraschte, da die Zeit der Blumen längst vorüber war.

Die Pommersche Christrose

In Pommern begannen die Frauen im Advent mit dem Basteln der dunkelroten Christrose aus Seidenpapier. Wenn sie fertig war und angezündet wurde, ging ein heimlicher Glanz von ihr aus. Die Großmutter erzählte dann, wie der Brauch, eine Adventsrose zu basteln und aufzustellen, entstanden war:

Der erste Christ, den Bischof Otto von Bamberg 1124 in Pommern getauft hatte, sollte von dem heidnischen Götzenpriester zum Tode verurteilt werden, der ihm höhnisch zurief, wenn über Nacht in der bittersten Kälte Blumen erblühen würden, solle er begnadigt werden.
Als der Gefangene am anderen Tag zum Richtplatz geführt wurde, blühten dort wirklich viele rote Blumen: es waren Christrosen.
Der alte Mann war frei, und die Pommern nahmen die christliche Lehre, die Otto von Bamberg ihnen brachte, an.

Bread and Roses

In Lawrence, Massachusetts (USA), gingen 1912 vierzehntausend Textilarbeiterinnen auf die Straße, um gegen Hungerlöhne und Kinderarbeit zu protestieren.
Der Streik war nach zehn Wochen erfolgreich, nicht nur für die Frauen selbst, sondern für alle Textilarbeiter in Neu-England.
Berühmt wurde der Streik wegen der Lieder, die von den Frauen gesungen wurden. Sie sangen in den Eßhallen, bei Versammlungen und Demonstrationen. Das Lied „Brot und Rosen“ von James Oppenheim wurde angeregt durch Arbeiterinnen, die eine Fahne trugen, auf der stand: „Wir wollen Brot und Rosen!“
Es wurde fortan zum Leitmotiv im Kampf der Arbeiter um mehr Gerechtigkeit.

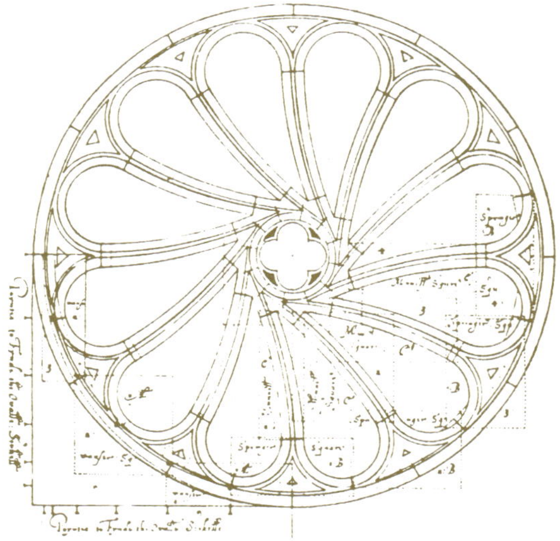

Architekturentwurf für eine Fensterrose (1599)

DER ROSENELF

Mitten in einem Garten wuchs ein Rosenstock, der war über und über voll Rosen, und in der schönsten von allen wohnte ein Elf.
Der war so winzig klein, daß kein menschliches Auge ihn sehen konnte. Hinter jedem Blatt der Rose hatte er eine Schlafkammer.
Er war so wohlgebildet und schön, wie nur ein Kind sein konnte, und hatte Flügel von den Schultern bis herunter zu den Füßen.
Oh, welcher Duft war in seinen Zimmern, und wie klar und schön waren die Wände! Es waren ja die blaßroten, feinen Rosenblätter.
Den ganzen Tag vergnügte er sich im warmen Sonnenschein, flog von Blüte zu Blüte, tanzte auf den Flügeln des fliegenden Schmetterlings und maß, wieviel Schritte er gehen mußte, um über alle Landstraßen und Stege zu laufen, die auf einem einzigen Lindenblatt sind. Was wir die Adern des Blattes nennen, hielt er für Landstraßen und Stege. Ja, das waren ewige Wege für ihn! Ehe er damit fertig wurde, ging die Sonne unter; er hatte auch zu spät damit begonnen.
Es wurde sehr kalt, der Tau fiel und der Wind wehte; nun war es das beste, nach Hause zu gehen. Er eilte, so sehr er konnte; aber die Rose hatte sich geschlossen, er konnte nicht hineingelangen - keine einzige Rose war geöffnet. Der arme kleine Elf erschrak sehr. Er war noch nie zuvor nachts draußen gewesen, hatte immer sanft und süß hinter den warmen Rosenblättern geschlummert, oh, das würde gewiß sein Tod werden!
Am anderen Ende des Gartens, wußte er, war eine Laube mit schönem Jelängerjelieber, die Blüten sahen wie große bemalte Hörner aus; in eine von ihnen wollte er hinabsteigen und bis morgen schlafen.
Er flog hin. Still! Es waren zwei Menschen darin, ein junger hübscher Mann und die schönste Jungfrau. Sie saßen nebeneinander und wünschten sich in Ewigkeit niemals zu trennen. Sie hatten einander so lieb, viel mehr noch, als das beste Kind seine Mutter und seinen Vater liebhaben kann.
„Dennoch müssen wir uns trennen!“ sagte der junge Mann. „Dein Bruder ist uns nicht gut, darum schickt er mich mit einem Auftrag so weit über Berge und Seen fort! Lebe wohl, meine süße Braut, denn das bist du doch!“
Dann küßten sie sich, und das junge Mädchen weinte und gab ihm eine Rose. Aber bevor sie ihm die Rose reichte, drückte sie einen Kuß so fest und innig darauf, daß sich die Blüte öffnete. Da flog der kleine Elf in sie hinein und lehnte seinen Kopf gegen die feinen, duftenden Wände; aber er konnte gut hören, daß Lebewohl, Lebewohl gesagt wurde, und er fühlte, daß die Rose an die Brust des jungen Mannes gesteckt wurde. - Oh, wie klopfte das Herz darin! Der kleine Elf konnte nicht schlafen, so klopfte es.

Aber nicht lange ruhte die Rose still an der Brust. Der Mann nahm sie hervor, und während er einsam durch den dunklen Wald ging, küßte er die Blüte, oh, so oft und so heftig, daß der kleine Elf fast erdrückt wurde. Er konnte durch das Blatt fühlen, wie die Lippen des Mannes brannten, und die Rose selbst hatte sich wie bei der stärksten Mittagssonne geöffnet.
Da kam ein anderer Mann, finster und böse; es war der schlechte Bruder des hübschen Mädchens. Der zog ein scharfes großes Messer hervor, und während der andere die Rose küßte, stach der schlechte Mann ihn tot, schnitt ihm den Kopf ab und begrub ihn mit dem Körper in der weichen Erde unter dem Lindenbaum.
„Nun ist er vergessen und fort!" dachte der schlechte Bruder; „er kommt nie mehr zurück. Eine lange Reise sollte er machen, über Berge und Seen, da kann man leicht das Leben verlieren. Und das hat er verloren. Er kommt nicht mehr zurück, und mich darf meine Schwester niemals nach ihm fragen."
Dann scharrte er mit dem Fuß dürres Laub über die aufgegrabene Erde und ging in der dunklen Nacht wieder nach Hause. Aber er ging nicht allein, wie er dachte; der kleine Elf begleitete ihn.
Er saß in einem vertrockneten, zusammengerollten Lindenblatt, das dem bösen Mann ins Haar gefallen war, als er das Grab grub. Nun war der Hut daraufgesetzt, es war sehr finster darunter, und der Elf zitterte vor Schreck und Zorn über die schlechte Tat.
In der Morgenstunde kam der böse Mann nach Hause; er nahm seinen Hut ab und ging in die Schlafkammer der Schwester. Da lag das schöne, blühende Mädchen und träumte von ihm, der sie so liebhatte und von dem sie nun glaubte, daß er über Berge und durch Wälder ginge. Und der böse Bruder beugte sich über sie und lachte häßlich, wie nur ein Teufel lachen kann. Da fiel das welke Blatt aus seinem Haar auf die Bettdecke; doch er bemerkte es nicht und ging hinaus, um in der Morgenstunde selbst ein wenig zu schlafen. Aber der Elf schlüpfte aus dem welken Blatt, setzte sich in das Ohr des schlafenden Mädchens und erzählte ihr wie in einem Traum den schrecklichen Mord, beschrieb ihr den Ort, wo der Bruder den Geliebten ermordet und seine Leiche verscharrt hatte, erzählte von dem blühenden Lindenbaum dicht daneben und sagte: „Damit du nicht glaubst, daß es nur ein Traum sei, was ich dir erzählt habe, wirst du auf deinem Bett ein dürres Blatt finden!" Und das fand sie, als sie erwachte. Oh, wie bittere Tränen weinte sie! Und zu niemandem durfte sie von ihrer Trauer sprechen. Das Fenster stand den ganzen Tag offen, der Elf konnte leicht zu den Rosen und all den anderen Blumen in den Garten hinausgelangen. Aber er konnte es nicht übers Herz bringen, die Betrübte zu verlassen.
Im Fenster stand ein Strauch mit Monatsrosen, in eine der Blüten setzte er sich und betrachtete das arme Mädchen.

Ihr Bruder kam oft in die Kammer, und er war so lustig und böse, sie aber durfte kein Wort über ihren großen Herzenskummer sagen.
Sobald es Nacht wurde, schlich sie sich aus dem Haus in den Wald zu der Stelle, wo der Lindenbaum stand, nahm die Blätter von der Erde, grub diese auf und fand ihn, den Ermordeten, sogleich. Oh, wie weinte sie und sie bat den lieben Gott, daß auch sie bald sterben möge!
Gern hätte sie die Leiche mit nach Hause genommen, aber das konnte sie nicht. Da nahm sie das bleiche Haupt mit den geschlossenen Augen, küßte den kalten Mund und schüttelte die Erde aus seinem schönen Haar.
„Das will ich behalten!" sagte sie. Und als sie Erde und Blätter auf den toten Körper gelegt hatte, nahm sie den Kopf und einen kleinen Zweig von dem Jasminstrauch, der im Wald blühte, wo er begraben war, mit nach Hause. Sobald sie in ihrer Stube war, holte sie sich den größten Blumentopf, der zu finden war, in diesen legte sie den Kopf des Toten, schüttete Erde darauf und pflanzte dann den Jasminzweig in den Topf.
„Lebe wohl! Lebe wohl!" flüsterte der kleine Elf; er konnte es nicht länger ertragen, all diesen Schmerz zu sehen, und flog darum hinaus in den Garten zu seiner Rose. Aber sie war verblüht; es hingen nur noch verblichene Blätter an der grünen Hagebutte.
„Ach, wie bald ist es doch mit allem Schönen und Guten vorbei!" seufzte der Elf. Zuletzt fand er wieder eine Rose, sie wurde sein Haus; hinter ihren feinen und duftenden Blättern konnte er wohnen.
Jeden Morgen flog er zum Fenster des armen Mädchens, sie stand immer bei dem Blumentopf und weinte. Die bitteren Tränen fielen auf den Jasminzweig, und mit jedem Tag wurde sie bleicher und bleicher, und der Zweig stand frischer und grüner da; ein Trieb nach dem anderen wuchs hervor, kleine weiße Knospen blühten auf, und die küßte sie.
Aber der böse Bruder schalt und fragte, ob sie närrisch geworden sei. Er konnte es nicht leiden und nicht begreifen, warum sie immer über dem Blumentopf weinte. Er wußte ja nicht, welche Augen da geschlossen und welche roten Lippen da zu Erde geworden waren. Und sie beugte ihren Kopf über den Blumentopf, und der kleine Elf von der Rose fand sie da schlummernd.
Da setzte er sich in ihr Ohr, erzählte von dem Abend in der Laube, vom Duft der Rose und der Liebe der Elfen. Da träumte sie wunderbar süß, und während sie träumte, entschwand das Leben; sie war einen stillen Tod gestorben; sie war im Himmel bei dem, den sie liebte.
Und die Jasminblüten öffneten ihre großen weißen Glocken; sie dufteten so wunderbar süß, anders konnten sie nicht über die Tote weinen.
Aber der böse Bruder betrachtete den schönen blühenden Strauch, nahm ihn als sein Erbgut an sich und setzte ihn in seine Schlafkammer,

dicht an sein Bett, denn er war herrlich anzuschauen, und der Duft war süß und lieblich.
Der kleine Rosenelf folgte, flog von Blüte zu Blüte - in jeder wohnte ja eine kleine Seele - und erzählte von dem ermordeten jungen Mann, dessen Kopf nun unter der Erde war, erzählte von dem bösen Bruder und der armen Schwester.
„Wir wissen es!" sagte jede Seele in den Blüten; „wir wissen es! Sind wir nicht den Augen und Lippen des Ermordeten entsprossen? Wir wissen es! Wir wissen es!" Und dann nickten sie so seltsam mit dem Kopf.
Der Rosenelf konnte nicht begreifen, wie sie so ruhig sein konnten und flog hinaus zu den Bienen, die Honig sammelten, und erzählte ihnen die Geschichte von dem bösen Bruder.
Die Bienen sagten es ihrer Königin, und diese befahl, daß sie alle am nächsten Morgen den Mörder töten sollten.
Aber in der Nacht vorher – es war die erste Nacht nach dem Tod der Schwester –, als der Bruder in seinem Bett dicht neben dem duftenden Jasminstrauch schlief, öffnete sich jeder Blütenkelch, und unsichtbar, aber mit giftigen Stacheln, stiegen die Blumenseelen heraus, setzten sich ihm ins Ohr und erzählten ihm böse Träume, flogen alsdann über seine Lippen und stachen seine Zunge mit den giftigen Stacheln. „Nun haben wir den Toten gerächt!" sagten sie und flogen zurück in die weißen Glocken des Jasmins.

Als es Morgen war und das Fenster der Schlafkammer plötzlich aufgerissen wurde, flog der Rosenelf mit der Bienenkönigin und dem ganzen Bienenschwarm herein, um ihn zu töten.
Aber er war schon tot; die Leute standen rings um das Bett und sagten: „Der Jasminduft hat ihn getötet!"
Da verstand der Rosenelf die Rache der Blumen und erzählte es der Bienenkönigin, und sie summte mit ihrem ganzen Schwarm um den Blumentopf. Die Bienen waren nicht zu verjagen. Da nahm ein Mann den Blumentopf weg, und eine der Bienen stach in seine Hand, so daß er den Topf fallen und zerbrechen ließ.
Da sahen sie den weißen Totenschädel, und nun wußten sie, daß der Tote im Bett ein Mörder war.
Die Bienenkönigin summte in der Luft und sang von der Rache der Blumen und von dem Rosenelf und daß hinter dem geringsten Blatt einer wohnt, der das Böse erzählen und rächen kann!

Hans Christian Andersen

Psalm

Niemand knetet uns wieder aus Erde und Lehm,
niemand bespricht unsern Staub.
Niemand.

Gelobt seist du, Niemand.
Dir zulieb wollen
wir blühn.
Dir
entgegen.

Ein Nichts
waren wir, sind wir, werden
wir bleiben, blühend:
die Nichts-, die
Niemandsrose.

Mit
dem Griffel seelenhell,
dem Staubfaden himmelswüst,
der Krone rot
vom Purpurwort, das wir sangen
über, o über
dem Dorn.

Paul Celan

WARUM LUTHER EIN ROSENKREUZ ZU SEINEM SCHUTZWAPPEN WÄHLTE

Es soll ein Merkzeichen meiner Theologie sein: das erste sollte ein schwarzes Kreuz in einem Herzen sein, das seine natürliche (rote) Farbe hätte, damit ich mir selbst Erinnerung gäbe, daß der Glaube an den Gekreuzigten uns selig machet. Denn so man von Herzen glaubt, wird man gerecht (Röm 10,10).
Wenn es nun auch ein schwarzes Kreuz ist, das Zeichen des Todes, und auch wehe tun soll, läßt es dennoch das Herz in seiner Farbe, verderbt die Natur nicht, das heißt: es tötet nicht, sondern behält lebendig. Der Gerechte wird aus Glauben leben (Röm 1,17), aber aus dem Glauben an den Gekreuzigten.
Solch Herz aber soll mitten in einer weißen Rose stehen, um anzuzeigen, daß der Glaube Freude, Trost und Friede gibt, und (ihn) kurzum in eine weiße, fröhliche Rose versetzt, nicht, wie die Welt Friede und Freude gibt, (Joh. 14,27), darum soll die Rose weiß und nicht rot sein. Denn weiß ist der Geister und aller Engel Farbe.

aus einem Brief Luthers an den Nürnberger Rathausschreiber Spengler vom 8. Juli 1530

„Dies Zeichen sei Zeuge/ daß solche Bücher durch meine Hand gangen sind/ Gedruckt zu Wittenberg, 1524"

DIE ROSENKREUZER

Martin Luthers Rosenkreuz hatte in der Folge großen Einfluß auf eine Geheimgesellschaft. Die „Rosenkreuzer" fanden sich im 17. Jahrhundert zusamen und traten für ein weltoffenes, verinnerlichtes Luthertum ein.
Angeblich hatte der Ritter Christian Rosenkreuz diesen Männerbund ins Leben gerufen, doch diese Person hat es wohl nie gegeben – die Rosenkreuzer liebten es, Legenden über sich zu verbreiten.
Die Manifeste der Rosenkreuzer beeinflußten so bedeutende Denker wie Jakob Böhme, Rene Descartes und den jungen Goethe.
Heute würden wir das Gedankengut der Rosenkreuzer als esoterisch einstufen.

Von der mystischen Rose wird erzählt, sie habe, wie das Jahr zwölf Monate hat, zwölf Blütenblätter, abwechselnd wie Tag und Nacht ein weißes und ein rotes Blatt. (...) Im Roten drückt sich prinzipiell alles Erscheinende aus, denn die Sichtbarkeit beginnt dort, und geht dann über Gelb und Blau bis zum Purpur und Violett. Das Weiße aber steht ihm als Verborgenes gegenüber. Das Leben, wie es erscheint, mit dem man zu tun hat, ist durch ein Sich-abwechseln gekennzeichnet, auch von Gut und Böse, von Leben und Tod. Die Rosen im Garten kommen und gehen auch. Nur ein Kind wäre imstande, die verblühte Rose in einem Schächtelchen zu begraben. Da würde die jenseitige Rose lachen: „Mußt mich nicht begraben, ich bin doch bald wieder da. Du glaubst, ich bin die einzige Rose?" Als Symbol kündet die Rose vom Kommen und Gehen des Lebens. Sie erzählt auch vom Älterwerden. Das Rot wird älter: Orange, Gelb, Blau bis Violett; aber darauf folgt immer wieder das Weiße, in der nächsten Windung ist wieder ALLES enthalten. Dein Haus ist dort auch da, die Stadt, dein Land, aber du mußt keine Miete mehr zahlen, brauchst keinen Ausweis, mußt keine Reisen mehr unternehmen, in der nächsten Windung ist die Beziehung zu allem eine ganz andere. Verleugne deine Herkunft nicht, sie ist ein Gegebenes, ein Symbol von etwas Jenseitigem; deshalb wurdest du an diesem und keinem anderen Ort geboren.

Friedrich Weinreb

Vermutlich gingen die Rosenkreuzer später in den Freimaurerlogen auf. Im romantischen 19. Jahrhundert wurde dieser geheimnisumrankte Bund jedoch noch einmal populär. Die Dichter der Romantik, wie William Butler Yeats in Irland, schrieben phantastische Geschichten über die Rosenkreuzer. Die folgende spielt zur Zeit der Kreuzzüge.

AUS DER ROSE

An einem Winterabend ritt ein alter Kämpe in rostigem Kettenpanzer langsam den bewaldeten Südhang des Ben Bulben in Britannien entlang und sah zu, wie die Sonne über dem Meer in dunkelroten Wolken unterging. Sein Pferd war ermattet wie nach langem Ritt, und er führte an seinem Helm nicht das Wappen eines Fürsten oder Königs der Umgegend, sondern eine kleine Rose aus Rubin, die mit jedem Augenblick in tieferem Rot erstrahlte. Sein schlohweißes Haar fiel in spärlichen Locken auf die Schultern herab, und gab seinem Gesicht ein noch schwermütigeres Aussehen. (...)

Als der Ritter eine Weile in die Sonne geblickt hatte, ließ er die Zügel auf den Hals des Pferdes fallen, streckte seine Arme gegen Westen und rief: „O göttliche Rose der geistigen Flamme, öffne mir endlich das Tor deines Friedens!"

Da wurde plötzlich, einige hundert Schritte höher oben am Berghang, ein lautes Quieken im Walde vernehmbar. Er hielt sein Roß an, um zu lauschen, und hörte Schritte und Stimmen hinter sich. Einen Augenblick später hatte ein Dutzend Bauern, die mit kurzen Spießen bewaffnet waren, den Ritter eingeholt und blieben ein wenig abseits stehen, ihre blauen Mützen in den Händen.

Die Bauern wollen ihre Schweine zurückholen, die ihnen von Walddieben gestohlen worden sind. Vor dem Kampf mit den Dieben fürchten sie sich jedoch so sehr, daß der Ritter eine Prämie von fünf Kronen für den Kopf eines jeden Walddiebs aussetzen muß, den die Bauern erschlagen können. Weil ihnen der Ritter in seiner Rüstung und mit all seiner Erfahrung zur Seite steht, können die Bauern das Gesindel besiegen und ihren wertvollen Besitz zurückerobern. Der Ritter selbst wird tödlich verwundet, übernimmt aber noch die Rückendeckung. Die Bauern treiben die Schweine zurück ins Tal. Nach eineinhalb Stunden taucht plötzlich ein junger Bursche - der Dorfnarr - auf und beginnt, den toten Dieben die Köpfe abzuschlagen.

Der Bursche legte die Köpfe in einem Haufen vor ihn hin und sagte: „O großer Ritter, mir wurde befohlen, hierher zu kommen und von Euch die Kronen zu verlangen, die Ihr für die Köpfe versprochen habt: fünf Kronen für jeden Kopf. Sie lassen Euch sagen, daß sie zu Gott und der Gottesmutter um ein langes Leben für Euch gebetet haben, daß sie aber arme Bauern sind und gern das Geld hätten, bevor ihr gestorben seid. Das haben sie mir eingebleut, damit ich's nicht vergesse, und mit Prügeln gedroht."
Der Ritter richtete sich auf, stützte sich auf

den Ellenbogen und öffnete einen Beutel, der ihm am Gürtel hing. Für jeden Kopf zählte er fünf Kronen heraus, insgesamt für dreißig Köpfe. „Großer Ritter", sagte der Bursche, „sie haben mir auch aufgetragen, nach Euch zu sehen und ein Feuer anzuzünden und diese Salbe auf Eure Wunden zu streichen." Der junge Bursche sammelte dürre Äste und trockenes Laub, und es gelang ihm, ein loderndes Feuer zu entfachen. Dann löste er dem Ritter die Rüstung und begann die Wunden zu salben. Aber er machte seine Sache so ungeschickt, als ob es bloß angelernte Handgriffe wären.
Der Ritter bedeutete ihm innezuhalten und sagte: „Du scheinst ein braver Bursche zu sein." „Darf ich Euch wohl um etwas bitten? (...) Ich möchte gern, daß Ihr mir sagt, warum Ihr um eine so geringe Sache gekämpft habt wie die Helden und Riesen in den alten Geschichten. Seid Ihr wirklich ein Mensch wie wir? Seid Ihr nicht am Ende ein alter Zauberer, der in diesen Bergen lebt, und wird sich nicht gleich ein

Robert Fludd (Rosenkreuzer), Die Siebenblättrige Rose, aus: Summum bonum (1629); die Rose dient als Allegorie der sieben Planeten, der sieben Verwandlungsstufen der Alchemie usw.

Wind erheben und Euch wie Staub verwehen?"
„Ich will dir von mir berichten", antwortete der Ritter, „denn nun, da ich der letzte der Bruderschaft bin, darf ich den Mund auftun und Zeugnis ablegen für Gott. Sieh hier die Rose von Rubin auf meinem Helm und erblicke in ihr das Sinnbild meines Lebens und meines Hoffens!"
Und dann erzählte er dem Burschen die folgende Geschichte, aber mit immer häufigeren Pausen. (...)
„Meine Heimat ist fern von hier, und ich war einer von den Rittern des heiligen Johannes", sagte der alte Mann, „aber ich gehörte zu jenen im Orden, die sich nach immer größeren Mühen sehnten im Dienste der Wahrheit, die man nur mit dem Herzen begreifen kann. Schließlich kam ein Ritter aus Palästina zu uns, dem Gott selbst die Wahrheit aller Wahrheiten offenbart hatte. Eine große feurige Rose war ihm erschienen, und eine Stimme aus der Rose hatte ihm verkündet, daß die Menschen sich vom Licht in ihren eigenen Herzen abwenden und sich der äußeren Ordnung und Satzung beugen würden. (...) Keiner von denen, welche die Wahrheit klar erschaut haben, könne in das Reich Gottes im Herzen der Rose eingehen, wenn er willig in der verderbten Welt bleibe; darum müßten sie ihren Grimm gegen die Mächte der Verderbnis durch den Tod im Dienste der Rose beweisen. Während der Ritter aus Palästina uns dieses mitteilte, war die Luft von Rosenduft erfüllt, und daran erkannten wir, daß es die Stimme Gottes war, die durch den Ritter zu uns sprach, und wir baten ihn, uns in allen Dingen zu leiten und uns zu lehren, wie wir der Stimme gehorchen sollten. Darauf band er uns mit einem Eid und zeigte uns Zeichen und Worte, an welchen wir einander auch noch nach vielen Jahren erkennen sollten, und er bestimmte Orte der Zusammenkunft und sandte uns in kleinen Scharen in die Welt hinaus, die gerechte Sache zu suchen und im Kampf für sie zu sterben. Anfangs meinten wir, daß wir bereitwilliger sterben würden, wenn wir zu Ehren eines Heiligen bis an den Tod fasteten, aber er sagte uns, wir nähmen auf diese Weise die Wahl des Zeitpunkts und der Umstände unseres Sterbens aus Gottes Händen und minderten durch solches Tun seine Macht; wir müßten es Gott überlassen, uns nach seinem Willen und seiner Weise zu belohnen. (...)
Die Jahre vergingen, und meine Mitbrüder fielen einer nach dem anderen im Heiligen Land oder im Kampf gegen die sündigen Fürsten dieser Welt oder bei der Säuberung der Straßen von Wegelagerern und Räubern. Unter den Gefallenen war auch der Ritter aus Palästina, und zuletzt blieb nur ich allein übrig. Ich kämpfte im Dienst jeder Sache, wo wenige gegen viele stritten, und mein Haar wurde weiß, und die schreckliche Furcht überkam mich, daß ich in Gottes Ungnade gefallen sei. Doch als ich schließlich erfuhr, daß diese westliche Insel (England) schlimmer als ein anderes Land von Krieg und Gewalttat heim-

Konrad von Altstetten, "Manesse-Handschrift" (Anfang 14.Jh.)

gesucht sei, kam ich hierher und fand, was ich suchte, und siehe, ich bin voll großer Freude." Danach begann er lateinisch zu singen, und während er sang, wurde seine Stimme schwächer und schwächer. Dann schlossen sich seine Augen, und seine Unterlippe fiel herab, und der Bursche merkte, daß er tot war. „Das war eine treffliche Geschichte, die er mir erzählt hat", sagte der Bursche, „denn es kamen Kämpfe drin vor, aber ich habe nicht viel verstanden, und es ist schwer, eine so lange Geschichte im Gedächtnis zu behalten." Er nahm das Schwert des Ritters und begann, im weichen Lehmboden ein Grab zu schaufeln. Er grub eifrig und war mit seiner Arbeit fast zu Ende, als unten im Tal ein Hahn krähte. „Ei", rief er und warf das Schwert weg, „den Vogel muß ich haben!" und lief den schmalen Pfad hinunter ins Tal.

William Butler Yeats

Mrs. Adrian Stokes-Prendlsberger. Ehret die Frauen. Wirkteppich (1912)

DIE ROSEN DES KRIEGES

Nach einer jüdischen Sage stammt die Farbe der roten Rose vom ersten Blut, das auf Erden vergossen wurde.
Blutiges Kriegsgeschehen wurde oft mit einer Rose glorifiziert. Wenn im alten Rom die Heerführer siegreich heimkehrten, durften sie an ihrem Schild eine Rose befestigen, eine Sitte, die sich auch nach dem Niedergang des römischen Reiches lange hielt; wohl deshalb sind auf vielen alten Familienwappen in Europa Rosen zu finden.
Die Bürger von Bern gaben 1506 ihrer größten Kanone den Namen Rose. Mit Rosen an den Helmen zogen britische Soldaten im Siebenjährigen Krieg in die Schlacht von Minden.

Der heilige Bernhard von Clairvaux (12.Jh.) hatte zeitlebends mystische Visionen. Die Blutstropfen des gekreuzigten Christus beschrieb er als „Blätter einer blutigen Rose“.

Die Päpste vergeben seit der Zeit der Kreuzzüge eine goldene Rose an besonders verdiente „Kämpfer im Glauben“; die erste bekam der Herzog von Anjou 1096 von Papst Urban II.

Soldaten überreichen Bismarck einen Strauß Rosen vom Schlachtfeld, 1870;

WIE DIE ROTE ROSE DIE WEISSE BESIEGTE: DIE ENGLISCHEN ROSENKRIEGE

William Shakespeare hat die englischen Rosenkriege (1455-1485) in seinem Drama „Heinrich VI." berühmt gemacht. Auf der Bühne stehen sich die beiden verfeindeten Parteien in einem Garten gegenüber. Die eine Kriegspartei, das Haus von Lancaster, wählt die rote Rose zu ihrem Kriegssymbol, das Haus von York entscheidet sich für die weiße Rose.

Plantagenet:
„Es pflücke, wer ein echter Edelmann
Und auf der Ehre seines Bluts besteht,
Wenn er vermeint ich bringe Wahrheit vor,
Mit mir von diesem Strauch 'ne weiße Rose."
Somerset:
„So pflücke, wer kein Feiger ist noch
Schmeichler
Und die Partei der Wahrheit halten darf,
Mit mir von diesem Dorn 'ne rote Rose."

Tatsächlich war die rote Rose schon seit einigen Generationen im Wappen des Herrscherhauses von Lancaster, aber Shakespeare kam es wohl nicht so sehr auf geschichtliche Genauigkeit an.
Die Historiker wissen heute, daß es bei den Rosenkriegen um einen Thronfolgestreit ging. In zahlreichen Schlachten gewann einmal die weiße, dann die rote Rosenpartei die Oberhand.

Die blutigste Schlacht wurde am 29. März 1461 bei Towton in Mittelengland geschlagen. Damals verloren zwei Drittel der männlichen Adeligen Englands ihr Leben. Im Jahre 1483 spitzten sich die Ereignisse dramatisch zu. Durch Erpressung, Intrigen und die Ermordung der beiden unmündigen Königssöhne hatte sich Richard von Gloucester (als Vertreter der weißen Rose) die englische Königskrone gewaltsam angeeignet. 1485 fiel er in der Schlacht von Bosworth – der erste englische König seit dem historischen Datum 1066, der im Kampf um die Krone gefallen war. Für die Menschen der damaligen Zeit galt dies als Gottesurteil.
Das siegreiche Haus von Lancaster mit Heinrich Tudor an der Spitze begründete eine neue Dynastie, das Königshaus der Tudors. Die Rose wurde zum königlichen Wappenzeichen, zur „Tudorrose", einer gefüllten Rose mit roten und weißen Blütenblättern.

Münze Heinrichs VII (gest. 1509)

Henry Payne (1868-1940), Die Wahl der weißen und roten Rose

DIE VERGÄNGLICHE ROSE

Ich sah des Sommers letzte Rose stehn.
Sie war, als ob sie bluten könnte, rot.
Da sprach ich schaudernd im Vorübergehen:
So weit im Leben, ist zu nah am Tod.

Es regte sich kein Hauch am heißen Tag.
Nur leise strich ein weißer Schmetterling;
doch ob auch kaum die Luft sein Flügelschlag
bewegte; sie empfand es und verging.

Friedrich Hebbel

Ewig trägt im Mutterschoße,
Süße Königin der Flur,
Dich und mich die stille, große
Allbelebende Natur.

Röschen! unser Schmuck veraltet,
Sturm entblättert dich und mich;
Doch der ew'ge Keim entfaltet
Bald zu neuer Blüte sich.

Friedrich Hölderlin

Wenn erst die Rosen verrinnen
aus Vasen oder vom Strauch
und ihr Entblättern beginnen,
fallen die Tränen auch.

Traum von der Stunden Dauer,
Wechsel und Wiederbeginn,
Traum – vor der Tiefe der Trauer:
blättern die Rosen hin.

Wahn von der Stunden Steigen
aller ins Auferstehn,
Wahn – vor dem Fallen, dem Schweigen:
wenn die Rosen vergehn.

Gottfried Benn

Ottmar Elliger,
Blumenstilleben
(1674)

DIE ROSE DES TODES

Eine von den Brüdern Grimm 1819 aufgezeichnete und in Mundart veröffentlichte Legende aus der Gegend um Paderborn berichtet von einer Rose als Todesvorzeichen:

ARME FRUGGE

Es war einmal eine arme Frugge, de hadde twei Kinner, dat jungeste moste olle Dage in en Wald gohn un langen Holt. Asset nu mal ganz wiet söken geit, kam so en klein Kind, dat was awerst ganz wacker to em un holp (half) flietig Holt lesen un drog et auck bis für dat Hus; dann was et awerst, eh en Augenschlägsken vergienk, verswunnen.

Dat Kind vertelde et siner Moder, de wul et awerst nig glöven. Up et lest brochte et en Rause mit un vertelde, dat schöne Kind hädde em deise Rause gieven und hädde em sägt, wenn de Rause upblöhet wär, dann wull et wier kommen. De Moder stellde dei Rause in't Water.

Einen Morgen kam dat Kind gar nig ut dem Bedde, de Moder gink to dem Bedde hen un fund dat Kind daude; et lag awerst ganz anmotik. Un de Rause was den sulftigen Morgen ubblöhet.

Es war einmal eine arme Frau, die hatte zwei Kinder; das jüngste mußte alle Tage in den Wald gehen und Holz holen. Als es nun einmal ganz weit ging, gesellte sich ein kleines Kind zu ihm, das war ganz zutraulich und half ihm munter und fleißig Holz lesen und trug es auch bis vor das Haus; dann war es aber, ehe ein Augenblick verging, verschwunden.

Das Kind erzählte es seiner Mutter, die wollte es aber nicht glauben. Schließlich brachte es eine Rose mit und erzählte, das schöne Kind hätte ihm diese Rose gegeben und hätte ihm gesagt, wenn die erblüht wäre, dann wolle es wieder kommen. Die Mutter stellte die Rose ins Wasser.

An einem Morgen kam das Kind gar nicht aus dem Bett, die Mutter ging zu dem Bett hin und fand das Kind tot; es lag aber ganz anmutig da. Und die Rose war an demselben Morgen aufgeblüht.

Pierre Joseph Redouté, Rosa Campanulata Alba (1829)

Sonnet 54

O, wieviel schöner scheint die Schönheit doch,
Wenn Treue sie als süße Zierde hebt!
Die holde Rose dünkt uns holder noch,
Weil süßer Duft in ihrer Blüte lebt.

Die Heckenröschen mögen Farben zeigen
So leuchtend wie der Rosen würz'ge Pracht;
Gleich üppig schwellen sie an gleichen
Zweigen
Hat Sommerhauch die Kelche weitgemacht.

Doch weil ihr Wert im bloßen Aussehn liegt,
So leben sie und welken ungepriesen -
Sie sterben ganz für sich. Die Rosen nicht.
Aus ihrem süßen Tod wird Süße fließen.

Und so auch Ihr, des Schönheit liebreich
blüht;
Vergeht sie, Eure Treue tränkt das Lied.

William Shakespeare

Nicholas Hilliard (bedeutender englischer Miniaturmaler, 1537-1619), Kavalier in einem Rosengarten

EINE ROSE FÜR DIE BETTLERIN

Es gibt inzwischen mehrere Versionen der Geschichte, wie der Dichter Rilke einer Bettlerin eine Rose schenkte. Dabei ist viel Unrichtiges hinzugedichtet und Wichtiges weggelassen worden. Hier ist erstmalig in deutscher Übersetzung der Brief der Frau zu lesen, die diesen berühmten Vorgang miterlebt hat. Madame de Monferrant schreibt an den Publizisten Edmond Jaloux:

Mein Herr,
ich wende mich an diesem Abend an Sie, weil ich Ihre Zeilen über Rainer Maria Rilke gelesen habe. Ich kannte ihn vor dem Kriege und möchte Ihnen eine Begebenheit berichten, die sich so nur an der Seite einer Frau ereignen konnte. (...)
Er gesellte sich an jenem Tag mit einer wunderschönen Rose in der Hand zu mir, aber er schenkte sie weder mir noch legte er sie als Gabe in die zarten Hände meines zweijährigen Kindes, dessen Schönheit er bewunderte. Ich fragte ihn nicht, warum er diese wunderschöne und außergewöhnliche Blume bei sich trug.
Auf unserem täglichen gemeinsamen Spaziergang begegneten wir immer einer alten Frau. Sie saß auf der Erde vor einer kleinen Mauer und bettelte. Dabei hob sie allerdings nie den Blick. Sie bettelte mit ihrer ganzen Körperhaltung – mit ihrem runden Rücken, der trotz des Sommers immer von einem schwarzen Halstuch bedeckt war, mit ihren traurigen Mundwinkeln, aber vor allem mit ihren Händen, die in Fingerhandschuhen steckten. Sie hielt ihre Hände immer ganz fest zusammengepreßt in ihrem Schoß. Eine Geste, die intensiver wirkte als jede ausgestreckte Hand.
In gegenseitigem Einverständnis gaben wir ihr jedesmal ein Almosen, das sie mit soviel unschuldiger Kunst erbeten hatte. Dann vertieften sich stets ihre Kummerfalten, niemals erhob sie den Kopf oder bedankte sich mit Worten. Allen anderen Gebern erging es ebenso.
Eines Tages sagte ich: „Vielleicht ist sie reich, vielleicht hat sie sogar ein heimliches Schmuckkästchen..." Rainer Maria sah mich an, einen leichten Vorwurf im Blick, der mich zum Erröten brachte. Kurz darauf trafen wir die Bettlerin, die sich gerade an ihrem Platz niederlassen wollte. Rilke verbeugte sich vor ihr, mit einem Respekt, der nicht förmlich, sondern tief empfunden war. Dann legte er die schöne Rose auf die Knie der Alten.
Daraufhin erhob die Frau ihren Blick. Ihre Augen waren veilchenblau und wirkten frisch, obwohl ihre Lider rot und entzündet waren. Mit einer spontanen und in allem passenden Geste drückte sie Rilkes Hand, küßte sie und eilte dann mit kleinen, mühsamen Schritten davon. An diesem Tag bettelte sie nicht mehr.
Rilke strich sich über den Mund und sah mich mit großem Ernst an. Ich sagte nichts. Er wußte,

daß ich seine Lektion verstanden hatte, daß ich seine Art, die Menschen zu betrachten, unendlich bewunderte.
Er selbst war es, der die Menschen schön und göttlich machte, indem er ihre Seelen als so schön und auserlesen empfand. Dadurch bewirkte er bei ihnen ein Verhalten, das von höchstem Adel zeugt.
Ich trauere um Rainer Maria. (...)

Dieser Brief wurde 1927 geschrieben, ein Jahr nach dem Tod des Dichters.

Henri Fantin-Latour, Rosen in einem Korb (1883)

Rilke hatte zeitlebens ein besonders inniges Verhältnis zu Rosen. Berühmt geworden ist auch der rätselhafte Spruch, der auf seinem Grabstein im schweizerischen Bergdorf Raron steht:

Rose, o reiner Widerspruch,
Lust, niemandens Schlaf zu sein
unter soviel Lidern

P.S. Kroyer, Gartenblick aus Skagen mit der Frau des Künstlers (1917)

Ich fragte:
„Wie lang' währt
das Leben der Rose?"
Die Knospe vernahm es
und lächelte nur.

Mir, orientalischer Dichter, gest. 1810

Bildnis eines Moghulfürsten, Indien (18.Jh).

Gustav Klimt,
Rosensträucher
unter Bäumen
(um 1905)

DIE SCHNECKE UND DER ROSENSTOCK

Hans Christian Andersen, der dänische Dichter, war ein großer Naturfreund und aufmerksamer Menschenbeobachter. Beides zeigt sich in der folgenden Märchenparabel, in der, wie so oft bei Andersen, ein Rosenmotiv eine wichtige Rolle spielt.

Rings um den Garten zog sich eine Hecke von Haselnußbüschen, und draußen waren Feld und Wiese mit Kühen und Schafen, aber mitten in dem Garten stand ein blühender Rosenstock; unter ihm saß eine Schnecke, die vieles in sich hatte, sie hatte sich selbst.

„Warte nur, bis meine Zeit kommt", sagte sie, „ich werde mehr ausrichten als Rosen ansetzen, Nüsse tragen oder Milch geben wie die Kühe und Schafe!"

„Ich erwarte sehr viel von Ihnen!" sagte der Rosenstock. „Darf ich fragen, wann es kommen wird?"

„Ich lasse mir Zeit!" sagte die Schnecke. „Sie haben es immer so eilig! Das macht die Erwartung nicht spannender."

Im nächsten Jahr lag die Schnecke ungefähr auf derselben Stelle im Sonnenschein unter dem Rosenstock, der wieder Knospen trieb, Rosen entfaltete, immer frische, immer neue. Und die Schnecke kroch halb aus ihrem Haus heraus, streckte die Fühlhörner aus und zog sie wieder ein.

„Alles sieht aus wie im vorigen Jahr! Gar kein Fortschritt ist da. Der Rosenstock bleibt bei den Rosen, weiter kommt er nicht!"

Der Sommer verging, der Herbst verging; der Rosenstock trug stets Blüten und Knospen, bis der Schnee fiel und das Wetter rauh und naß wurde; dann beugte sich der Rosenstock zur Erde nieder, die Schnecke kroch in die Erde hinein.

Nun begann ein neues Jahr, und die Rosen kamen hervor und die Schnecke auch.

„Nun sind sie ein alter Rosenstock!" sagte die Schnecke. „Sie müssen bald zusehen, daß Sie eingehen. Sie haben der Welt alles gegeben, was Sie in sich gehabt haben; ob es von Belang war, das ist eine Frage, über die nachzudenken ich keine Zeit habe. Es ist aber klar, daß Sie nicht das Geringste für ihre innere Entwicklung getan haben, sonst wäre wohl etwas anderes aus Ihnen hervorgegangen. Können Sie das verantworten? Sie werden jetzt bald nur noch ein Holzstock sein! Können Sie verstehen, was ich sage?"

„Sie erschrecken mich!" sagte der Rosenstock. „Darüber habe ich noch niemals nachgedacht."

„Nein, Sie haben sich wohl niemals mit Denken abgegeben! Haben Sie sich jemals Rechenschaft darüber abgelegt, weshalb Sie blühen und wie es beim Blühen zuging? Warum so und nicht anders?"

„Nein!" sagte der Rosenstock. „Ich habe vor Freude geblüht, weil ich nicht anders konnte.

Die Sonne schien so warm, die Luft war so erfrischend, ich trank den klaren Tau und den kräftigen Regen. Ich atmete, ich lebte! Aus der Erde stieg eine Kraft in mir auf, von oben kam eine Kraft, ich empfand ein Glück, ein immer neues, wachsendes Glück, und deshalb mußte ich immer blühen; das war mein Leben, ich konnte nicht anders!"

„Sie haben ein sehr gemächliches Leben geführt!" sagte die Schnecke.

„Gewiß! Alles wurde mir gegeben", sagte der Rosenstock, „doch Ihnen wurde noch mehr gegeben! Sie sind eine dieser denkenden, tiefsinnigen Naturen, einer dieser Hochbegabten, welche die Welt in Erstaunen setzen werden!"

„Das beabsichtige ich durchaus nicht!" sagte die Schnecke. „Die Welt geht mich nichts an! Was habe ich mit der Welt zu schaffen? Ich habe genug mit mir selbst zu tun und habe genug in mir selbst!"

„Aber müssen wir nicht alle hier auf Erden unser Bestes den anderen geben, ihnen darbringen, was wir vermögen? - Ja, ich habe nur Rosen gegeben! - Aber Sie, die Sie so reich begabt sind, was haben Sie der Welt geschenkt? Was werden Sie ihr geben?"

„Was ich ihr geschenkt habe? Was ich ihr geben werde? - Ich spucke sie an! Sie taugt nichts, sie geht mich nichts an! Setzen Sie Rosen an, Sie können es doch nicht weiterbringen! Mag der Haselbusch Nüsse tragen, mögen die Kühe und Schafe Milch geben, jeder hat sein Publikum, ich habe das meine in mir selbst! Ich gehe in mich selbst hinein, und dort bleibe ich. Die Welt geht mich nichts an!"

Und dann kroch die Schnecke in ihr Haus und kittete es zu.

„Das ist sehr traurig!" sagte der Rosenstock. „Ich kann mit dem besten Willen nicht in mich hineinkriechen, ich muß mich immer nach außen entfalten, immer Rosen treiben. Die Blätter fallen ab, sie verwehen im Wind! Doch ich sah, wie eine Rose in das Gesangbuch der Hausfrau gelegt wurde, eine meiner Rosen bekam ein Plätzchen an der Brust eines schönen jungen Mädchens, und eine wurde von einem Kindermund in glückseliger Freude geküßt. Das tat mir so wohl, das war ein wahrer Segen. Das ist meine Erinnerung, mein Leben!"

Und der Rosenstock blühte in Unschuld, und die Schnecke lag träge in ihrem Haus. Die Welt ging sie nichts an.

Und Jahre vergingen.

Die Schnecke war Erde in der Erde, der Rosenstock war Erde in der Erde; auch die Erinnerungsrose in dem Gesangbuch war verwelkt – aber im Garten blühten neue Rosenstöcke, im Garten wuchsen neue Schnecken; sie krochen in ihre Häuser hinein, spuckten aus – die Welt ging sie nichts an.

Wollen wir die Geschichte wieder von vorn anfangen? - Sie wird doch nicht anders.

Hans Christian Andersen

ROSENTUM

Mondrose, die in Tierköpfen brennt
Hirnrose
aus Schädeln geschält
o jähes Rosentum

Solang das Rad der Rose
schwingt und schwingt
die Mittagsroserei
in Äckern fiebert
bohrt sich das Rosenaug
in meinen wachen Schlaf

Doch wehe, wenn die Unrose
aus den Metallen steigt
und meine Rosenhand sich hebt
gegen die Sonnenrose
und die Sandrose welkt

O Rose Rose der Rosen
die nur dem Rosenlosen loht

Ivan Goll

Westrose der Kathedrale zu Reims (um 1260)

Dieses Gedicht schrieb Ivan Goll neun Monate vor seinem Leukämietod in einem Hospital in Paris. Viele junge Dichterkollegen waren noch an sein Krankenbett geeilt, um ihm Blut zu spenden. Mit letzter Kraft verfaßte der Dichter „Traumkraut", ein Bund Gedichte, der die deutsche Sprache reicher macht.

„Man findet an dieser Blume nichts auszusetzen,
als daß sie vergänglich ist.
Jedoch hat vielleicht Gott und die Natur
uns dadurch lehren wollen,
daß die Schönheit vor dem Tod nicht schütze,
und auch das Vollkommene nicht
dem Untergang frey bleibe.“

Jakob Wilhelm Weinmann, 1745

Pflück' ich eine Rose,
nie kann ich ihr den Lebenswuchs erneu'n,
sie muß verwelken.

Othello

WUNDER DER ROSE

Der französische Skandalautor Jean Genet blieb zeitlebens ein Außenseiter. Er war immer auf der Suche nach moralischer Schönheit, saß aber allein dreizehnmal im Gefängnis. Erst ein Bittschreiben Jean Paul Sartres und Jean Cocteaus sorgten für seine Begnadigung.
Genets Roman „Wunder der Rose“ entstand, wie viele seiner Werke, während eines Gefängnisaufenthalts.
Darin verarbeitet der Dichter seine unglückliche Kindheit und seine leidenschaftliche Verehrung für den zum Tode verurteilten Mörder Harcamone. Diese Verehrung gipfelt in einer Vision: Während Harcamone auf dem Weg zur Hinrichtung ist, verwandelt er sich vor Genets innerem Auge zu einem wundervollen Übermenschen, mit einer mystischen Rose im Herzen. Die Ankläger des Mörders schrumpfen auf Wanzengröße zusammen und begeben sich auf eine Reise in das Körperinnere des Delinquenten.

... die vier schwarzen Männer wurden unterdessen immer kleiner, bis sie nicht mehr größer als vier Wanzen waren. Man hat erkannt, daß Harcamone majestätische Würde gewonnen hatte, die sogar seine Kleidung veredelte und in Seide und Brokat verwandelte. Er trug gelackte Lederschuhe, weiche, blaue Seidenhosen und ein altmodisch geschnittenes helles Hemd, dessen Kragen über seinem herrlichen, von der Kette des Goldenen Vlieses umschlungenen Hals halb offen stand.
Tatsächlich entstammte er in gerader Linie und auf himmlischen Wegen den Lenden des Galeerenkapitäns. Vielleicht wegen dieses Wunders, dessen Schauplatz und Gegenstand er war, oder aus irgendeinem anderen Grunde – um Gott, seinem Vater, Dank zu sagen – beugte er das rechte Knie zur Erde.
Schnell nutzten die vier Männer die Gelegenheit; sie bestiegen das Bein und erklommen seinen schrägstehenden Schenkel. Der Anstieg war für sie sehr anstrengend, denn die Seide war glatt. Auf halber Höhe ließen sie von einem unzugänglichen und ungestümen Hosenschlitz ab; sie stießen auf die dort ruhende Hand Harcamones. Sie erkletterten sie und stiegen von der Hand auf den Arm und die Spitzenärmel. Schließlich gelangten sie zur rechten Schulter und von da über den zur linken Seite geneigten Hals so vorsichtig wie möglich auf das Gesicht. Harcamone hatte sich – außer daß er mit halbgeöffnetem Mund atmete – nicht gerührt.
Der Richter und der Rechtsanwalt traten in das Ohr ein; der Scharfrichter und der Geistliche wagten es, in den Mund vorzudringen. Sie schritten ein Stückchen am Rande der Unterlippe entlang und fielen dann in den Abgrund.
Sobald sie die Kehle passiert hatten, gerieten sie auf eine sanfte, fast wollüstig abwärts führende Baumallee. Das Laubwerk stand

überall sehr hoch und bildete den Himmel dieser Landschaft. Sie konnten die Baumarten nicht feststellen, denn in einem Zustand wie dem ihren unterscheidet man keine Einzelheiten mehr: man durchquert Wälder, zertritt Blumen und steigt über Steine. Am meisten erstaunte sie die Stille. Einen Augenblick lang hielten sie einander bei den Händen, denn im Inneren eines solchen Wunders wurden der Geistliche und der Scharfrichter zu Schuljungen, die sich verirrt hatten.
Sie gingen weiter, hielten Ausschau nach links und nach rechts, suchten das Schweigen zu ergründen und beklopften das Moos, um dahinter zu sehen, aber sie konnten nichts entdecken. Nach einigen hundert Metern, ohne daß sich etwas an dieser Landschaft ohne Himmel geändert hätte, wurde es dunkel. Freudig stießen sie mit den Füßen die Reste eines Jahrmarktfestes auseinander: ein flitterbesetztes Trikot, die Asche eines Lagerfeuers, eine Kunstreiterpeitsche.
Als sie sich schließlich umsahen, erkannten sie, daß sie, ohne es zu merken, Windungen gefolgt waren, die komplizierter verliefen als in einem Bergwerk. Endlos erstreckten sich diese Gänge durch das Innere Harcamones. Man hatte dort schwarze Fahnen aufgezogen, mehr als in einer Stadt, deren König ermordet worden ist. Aus dem Herzen sprach eine Stimme: „Das Innere trauert." Schließlich erhob sich in ihnen Angst, wie ein leichter Wind auf dem Meer, und blähte sie auf.
Sie gingen immer weiter, immer unbeschwerter, zwischen den Felsen und schwindelerregenden Klippen hindurch, die manchmal sehr eng beieinander standen und über denen kein Adler umherflog. Die Wandungen traten immer näher zusammen. Man näherte sich den unmenschlichen Bezirken Harcamones.

Gabriel Rollenhagen (17.Jh.), „Ewiges und Vergängliches"

Der Rechtsanwalt und der Richter, die durch das Ohr eingestiegen waren, irrten zunächst durch ein ungewöhnliches Durcheinander von engen Gäßchen, deren Häuser aber – mit ihren geschlossenen Fenstern und Türen – verborgene und gefährliche Leidenschaften vermuten ließen, die unter die Strenge des Gesetzes fielen. Die Gassen waren nicht gepflastert, und man

hörte keinerlei Geräusch von ihren Schuhen; sie schienen vielmehr über einen elastischen Boden zu schreiten, auf dem sie leicht federten. Sie flogen beinahe. Die Gassen waren eine Art Toulon, gewunden, um den schwankenden Gang der Matrosen aufzuhalten. Sie wandten sich nach links, denn sie glaubten, dort sei es richtig; dann wieder und immer wieder nach links. Alle Straßen sahen sich ähnlich.
Hinter ihnen aus einem verfallenen Haus trat ein junger Seemann. Er blickte um sich. Im Mund, zwischen den Zähnen, hielt er einen Grashalm, auf dem er kaute. Der Richter wandte den Kopf zurück und sah ihn, ohne jedoch das Gesicht erkennen zu können, denn der Seemann ging seitlich und wandte sich ab, als man ihn beobachtete. Der Rechtsanwalt bemerkte, daß der Richter nichts erkennen konnte. Er drehte sich seinerseits um, konnte aber gleichfalls das Gesicht nicht sehen, da es sich abwandte.
Ich wundere mich noch immer über den Vorzug, der es mir erlaubte, Harcamones innerem Leben beizuwohnen und unsichtbarer Zeuge des heimlichen Abenteuers der vier schwarzen Männer zu sein.
Die Gassen waren genauso unübersichtlich wie die schroffen Engpässe und die moosigen Alleen. Sie führten denselben Abhang hinab. Schließlich trafen sich die vier Männer an einer Art Kreuzung wieder, die ich nicht genau beschreiben kann; von dort stieß wiederum nach links ein heller Gang vor, der von riesigen Spiegeln gesäumt war. Diesen Weg schlugen sie ein. Alle vier gleichzeitig fragten mit ängstlicher Stimme und verhaltenem Atem: „Das Herz, habt ihr das Herz gefunden?"
Und da sie sogleich einsahen, daß keiner von ihnen es gefunden hatte, setzten sie ihren Weg diesen Gang entlang fort und untersuchten die Spiegel.
Sie gingen langsam weiter, hielten eine Hand als Schalltrichter ans Ohr und legten die Ohren oft an die Wand. Als erster hörte der Scharfrichter die Schläge. Sie beschleunigten ihre Schritte. Ihre Angst wurde so groß, daß sie auf dem elastischen Boden Sprünge von mehreren Metern machten. Sie atmeten hastig und redeten unaufhörlich miteinander; wie man im Traum redet, das heißt: sie sagten verworrene Worte, und zwar so leise, daß sie die Stille kaum ritzten. Die Schläge wurden immer lauter.
Endlich standen die vier Männer vor einem Spiegel, auf dem mit Diamanten eines Rings sichtbarlich ein Herz eingraviert war, das von einem Pfeil durchbohrt wurde. Das war zweifellos die Tür zum Herzen.
Ich weiß nicht, welchen Griff der Scharfrichter tat, aber dieser Griff öffnete das Herz, und wir traten in die erste Kammer ein. Sie war kahl, weiß und kalt und ohne Öffnung. Allein in der Mitte dieser Leere stand aufrecht auf einem Holzklotz ein junger sechzehnjähriger Trommler. Sein undurchdringlicher, kalter Blick war auf nichts in der Welt gerichtet. Seine gelenkigen

Hände schlugen die Trommel. Die erhobenen Trommelstöcke fielen klar und knapp. Sie schlugen den Takt zu Harcamones erhabenstem Leben.
Hatte der Jüngling uns bemerkt? Sah er, daß das Herz geöffnet und entweiht worden war? Von welcher Angst wir befallen wurden! Und diese Kammer war nur die erste. Es blieb noch, das Geheimnis des verborgenen Raums zu entdecken.
Aber kaum hatte einer der vier Männer in Gedanken festgestellt, daß sie noch nicht im Herzen des Herzens standen, öffnete sich schon von selbst eine Tür und wir sahen uns einer roten Rose gegenüber, einer an Größe und Schönheit ungeheuerlichen Rose.

„Die mystische Rose", flüsterte der Geistliche. Die vier Männer waren von dem Glanz überwältigt. Die Strahlen der Rose blendeten sie im ersten Augenblick, aber sie fingen sich schnell wieder; als sie sich von ihrer Bestürzung erholt hatten, stürzten sie vor und mit trunkenen Händen zerpflückten und zerknitterten sie die Blütenblätter wie ein nach Liebe dürstender Satyr, der in den Röcken eines Mädchens wühlt. Der Rausch der Entweihung hatte sie erfaßt. Mit pochenden Schläfen und schweißbedeckter Stirn drangen sie bis zum Herzen der Rose vor: es war eine Art dunkler Brunnen. Hart am Rande dieses wie ein Auge so schwarzen und tiefen Schachtes beugten sie sich vor, und ein unerklärliches Schwindelgefühl überkam sie.

Alle vier machten Bewegungen wie Leute, die das Gleichgewicht verlieren, und stürzten hinab in diesen tiefen Blick.

Jean Genet, Wunder der Rose

P. Pomet, Rosa centifolia, aus: Die vollständige Geschichte der Heilmittel (1725)

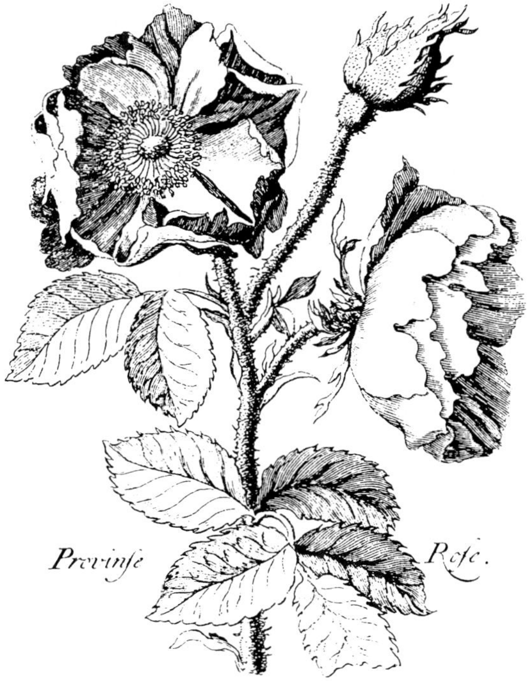

WER RUFT DIE ROSE ZURÜCK?

Begreift Ihr nun?
Mein Ursprung ist der Hauch.
Ein Hauch ist nichts.
Und ist der Name auch.

Erfühlt es tief!
Mein Ende ist der Duft.
Sehr sanft entläßt ihn
meines Namens Gruft.

Die Gruft ist leer.
O neu gehauchtes Glück:
Die Welt strömt ein.
Ich atme sie zurück.

Elisabeth Langgässer

Wer ruft die Rose zurück,
Die dort flammend vor Liebe in Blüte stand?
Einmal, bebend vor Glück,
In deinen Händen lag meine Hand.

An meinem Munde hingst du
Stumm und still, mit saugender Liebe Schein.
Meine zagende Seele fingst du
In deines Schweigens lockendem Goldnetz ein.

Zu gern nur gefangen
Zitternd in deine Hände schmiegte sie sich.
Ihr heimliches Bangen
Keiner weiß es als du und ich.

Von niemand gesehen
Zogst du, schlimmer Zauber, die Willige her
Und hießest sie gehen -
War's dir ein Spiel, oder war es mehr?

Agnes Miegel

WIE LAUTET DER NAME DER ROSE?

Vielen Menschen fällt sofort „Der Name der Rose“ ein, wenn sie an die Rose in der Literatur denken. Was hat sich Umberto Eco eigentlich bei diesem Titel gedacht? An welcher Stelle im Roman verrät er uns denn den Namen der Rose? Lassen wir den Bestseller-Autor diese Frage selbst beantworten:

Mein Roman trug zunächst den Arbeitstitel „Die Abtei des Verbrechens“. Ich habe ihn verworfen, denn er fixierte die Aufmerksamkeit des Lesers allein auf die Kriminalhandlung und war geeignet, bedauernswerte, ausschließlich auf harte Reißer erpichte Käufer zum Erwerb eines Buches zu verführen, das sie enttäuscht hätte.
Mein Traum war, das Buch einfach „Adson von Melk“ zu nennen. Ein sehr neutraler Titel, denn Adson war ja immerhin das Erzähler-Ich. Aber Eigennamen als Titel sind bei unseren Verlegern nicht sehr beliebt. (...)

Die Idee zu dem Titel „Der Name der Rose“ kam mir wie zufällig und gefiel mir, denn die Rose ist eine Symbolfigur von so vielfältiger Bedeutung, daß sie fast keine mehr hat: rosa mystica. Krieg der Rosen, Roman de la Rose, die Rosenkreuzer, die Anmut der herrlichen Rosen, und Rose liebt das Rosenleben, la vie en rose, eine Rose ist eine Rose ist eine Rose, Röslein, Röslein, Röslein rot...
Der Leser wird regelrecht irregeleitet, in alle möglichen Richtungen (also in keine) gewiesen, er kann dem Titel keine bestimmte Deutung entnehmen. (...)
Ein Titel soll die Ideen verwirren, nicht ordnen.

aus der „Nachschrift zum Namen der Rose“

Ripley Scrowle, Die rot-weiße Rose, die „Goldblume“ der Alchemie, als Geburtsstätte des „filius philosophorum“ (1588)

Rosen, Tanten,
Basen, Nelken
sind genötigt
zu verwelken

Wilhelm Busch

ALTE SPRICHWÖRTER

Die Rose ist Königin.

Die Rose ist nie so stolz als auf die erste Knospe.

Die Rose riecht, die Dorne sticht; wer bald bezahlt, vergißt es nicht.

Die schönste Rose verliert ihren Duft.

Die welkste Rose hat die schärfsten Stachel.

Eine Rose verwelkt so gut wie eine Kornblume.

Es soll bleiben unter der Rosen, was wir hier treiben und kosen.

Mit frischen Rosen und Jungfern darf man nicht lange scherzen.

Pflück' die Rose, wenn sie blüht, schmiede wenn das Eisen glüht.

Rosen auf den Wangen und Dornen im Gewissen.

Rosen und Lilien sind schöne Blumen, aber sie bringen keine Frucht.

Späte Rosen im Garten lassen schönen Herbst erwarten.

Wenn die Rose sich schmückt, so schmückt sie auch den Garten.

Wenn die schönste Rose auf den Markt tritt, fällt der Preis der anderen.

Wer Rosen bricht, die Finger sticht.

Wo e Rösi is, is aach e Dörnche.

Es ist nicht auf Rosenblätter zu bauen.

Von Rosenduft und Mondschein kann man nicht leben.

Im Rosengarten ist die Rose keine seltene Blume.

Um weniger Rosen willen heget man einen grossen Dornstrauch.

Die schönste Rose wird zur Hagebutte.

aus: Karl Friedrich Wilhelm Wander,
Deutsches Sprichwörterlexikon von 1873

Gertrude Stein

Quellennachweis

Seite 6 Rainer Maria Rilke, Duineser Elegien, Poemès Francais XVI, in: Gesammelte Werke, Insel, Wiesbaden 1957 ✿ *Seite 8* ff. Antoine de Saint-Exupéry, Gesammelte Schriften in drei Bänden, Karl Rauch Verlag GmbH, Düsseldorf 1959 ✿ *Seite 12* ff. Peter Horton, unveröffentlichtes Manuskript, 1995 ✿ *Seite 15* ff. Brüder Grimm, Hrsg., Die Kinder- und Hausmärchen (Nummer 50), Kassel 1812/1814 ✿ *Seite 23* Legende, zitiert nach: Klaus Reblin/ Wolfgang Teichert, Gottescourage, Kreuz, Stuttgart 1981 ✿ *Seite 24* Johann Gottfried Herder in: Franz Magnus Böhme, Hrsg., Volkstümliche Lieder der Deutschen im 18. und 19. Jahrhundert, Leipzig 1895; Johann Wolfgang von Goethe, Gesammelte Werke, Hamburger Ausgabe, Hamburg 1975 ✿ *Seite 25* zitiert nach: Volker Sommer, Rose und Eros, Schriftenreihe Rosenmuseum Steinfurth, Frankfurt 1991 ✿ *Seite 26* Wilfried Hub/Michael Dillinger, Hrsg., ...und ihr Duft kandierte die Sommer, Echo, Zweibrücken 1983 ✿ *Seite 27* ff. Elsa Sophia von Kamphoevener, An Nachtfeuern der Karawan-Serail, Rowohlt, Reinbek 1985 ✿ *Seite 38* J.A. Schmeller, Hrsg., Carmina Burana, Bibliothek des literarischen Vereins, Stuttgart 1847 ✿ *Seite 40* ff Guillaume de Lorris/Jean de Meun, Der Rosenroman, übersetzt von Karl August Ott, München 1976 ✿ *Seite 43* Gertrud Kolmar, Das lyrische Werk, Kösel, München 1960 ✿ ; *Seite 44* Albert Hagen, Die sexuelle Osphresiologie, Berlin-Charlottenburg 1901; „Auf Rosen gebettet" nach: Eric Bois/Anne Marie Trechslin, Rosen, Silva, Zürich 1961 ✿ *Seite 46* Rainer Maria Rilke, Die Sonette an Orpheus, Zweiter Teil, Sämtliche Werke, Insel Verlag, Wiesbaden 1957 ✿ *Seite 48* ff. Gerda Nissen, Alte Rosen, Westholsteinische Verlagsanstalt Boyens, Heide 1984 ✿ *Seite 54* ff. Gisela Krahl/Andrea Riepe, Wonnestunden, Rowohlt, Reinbek 1991; Monika Werner, Ätherische Öle, Gräfe und Unzer, München 1993; Stichwort: Die Rose, aus Krünitz' Encyklopädie, Berlin 1819, Nachdruck in 600 Exemplaren, Verlag der Buchhandlung Weiland, Lübeck 1979; Otto Bünemann/Jürgen Becker, Rosen, Gräfe und Unzer, München 1993 ✿ *Seite 57* Peter Coats, Rosen, Ariel, Frankfurt o.J. ✿ *Seite 60* Marie von Strantz, Die Blume in Sage und Geschichte, Berlin 1875 ✿ Seite 62 Reiner Kunze, Die wunderbaren Jahre, S. Fischer, Frankfurt 1979 ✿ Seite 65 ff. Patrick Süskind, Das Parfum, Diogenes, Zürich 1985 ✿ *Seite 68* ff. Kurt Marti, erstveröffentlicht in: Dein Leib ist mein Gedicht, Scherz Verlag, Bern 1970 ✿ *Seite 72* ff. Ljudmila Petruschewskaja, Der Mann, der wie eine Rose roch, S. Fischer, Frankfurt 1993 ✿ *Seite 74* Juan Ramon Jimenez, El poeta y el mar, übersetzt von Elisabeth von Rathleff, Barcelona ✿ *Seite 75* Rose Ausländer, Der Traum hat offene Augen, Fischer, Frankfurt 1987; Christof Graf in: Hub/Dillinger, ebenda, 1983 ✿ *Seite 76* ff. Antonia Ridge, Die Rosenfamilien, Ehrenwirth, München 1965 ✿ *Seite 79* ff. Pablo Neruda, Dichtungen 2, Luchterhand, Neuwied 1967 ✿ *Seite 80* zitiert nach dem „Rosenbogen", Zeitschrift des Vereins Deutscher Rosenfreunde, Baden-Baden 1/1994 ✿ *Seite 81* ff. Oscar Wilde, Sammelband, Wissenschaftliche Buchgesellschaft Darmstadt 1988 ✿ *Seite 87* ff. Hans Christian Andersen, Sämtliche Märchen und Geschichten ✿ *Seite 91* Paul Celan, Die Niemandsrose, Suhrkamp, Frankfurt 1963 ✿ *Seite 92* Martin Luther, Ausgewählte Schriften ✿ *Seite 93* Friedrich Weinreb, Vom Geheimnis der mystischen Rose, Thauros, Weiler 1983 ✿ *Seite 94* ff. William Butler Yeats, Werke II, Erzählungen, Luchterhand, Neuwied 1971 ✿ *Seite 100* nach: Charles Ross, The Wars of the Roses, Thames and Hudson, London 1987 ✿ *Seite 102* Gottfried Benn, Sämtliche Werke, Klett-Cotta, Stuttgart 1986 ✿ *Seite 107* Französisches Manuskript von Hanne Stauch, Rosenfreundeskreis Zweibrücken, übersetzt von Julia Erler ✿ *Seite 113* ff. Hans Christian Andersen, Sämtliche Märchen ✿ *Seite 115* Ivan Goll, Dichtungen, Luchterhand, Neuwied 1960 ✿ *Seite 118* Jean Genet, Wunder der Rose, Rowohlt, Reinbek 1982 ✿ *Seite 122* Elisabeth Langgässer, Gesammelte Gedichte, Claassen, Düsseldorf 1959 ✿ *Seite 123* Umberto Eco, Nachschrift zum Namen der Rose, Hanser, München 1984 .

Bildnachweis

Seite 7 Jan Frans van Dael, Blumen in einer Vase auf einem Marmortisch, 1816, Chateau de Fontainebleau ✿ *Seiten 8/9* Philipp Otto Runge, Der rosenbringende Genius (rechts und links) aus: Der Große Morgen, 1816, Hamburger Kunsthalle, Elke Walford ✿ *Seite 11* Georg Dionysius Ehret (1710-1770), Rosa Mundi, Victoria and Albert Museum, London ✿ *Seite 13* Wirkteppich nach einem Entwurf von Edward Burne-Jones, Der Pilger im Garten, 1901, Badisches Landesmuseum Karlsruhe ✿ *Seite 14* Jean Ignace Grandville, Rose Eglantine – Heckenröschen, aus: „Die beseelten Blumen“, 1867 ✿ *Seite 20* Thomas Lawrence, Unschuld, Volkskalender von 1853 ✿ *Seite 24* Walter Crane, Die symbolische Rose, 1890, Mansell Collection ✿ *Seite 28* Scherenschnitt, Elisabeth von Rathlef, Barcelona ✿ *Seite 33* José Tapiro y Baro, Braut in Tanger, 1900, Sotheby's, London ✿ *Seite 35* Pierre Joseph Redouté, Rosa Sulfurea, aus „Les roses“, 1821 ✿ *Seite 36* Gebetbuch der Maria von Geldern, Maria von Geldern als Madonna, 1415, Staatsbibliothek Preußischer Kulturbesitz, Berlin ✿ *Seiten 38/39* Albrecht Dürer, Rosenkranzfest, 1506, Nationalgalerie Prag # ✿ *Seiten 40/41* Zwei Illustrationen aus einer Handschrift des „Roman de la Rose“, 14. Jahrhundert, British Museum ✿ *Seite 42* Auguste Renoir (1841-1919), Rosenstilleben, Museum der Bildenden Künste, Leipzig # ✿ *Seite 44* Sandro Botticelli, Ausschnitt aus: Die Geburt der Venus, 1487, Uffizien, Florenz # ✿ *Seite 47* P.F. von Siebold und J.G. Zuccarini, Rosa rugosa aus: „Flora japonica“, 1835, Lindley Library, RHS ✿ *Seite 49*, Carl Herpfer, Die Hochzeitsgesellschaft, Kurt E. Shon Ltd., New Orleans ✿ *Seite 51* Francois Boucher, Bildnis der Marquise de Pompadour, 1756, Alte Pinakothek, München, Artothek Peissenberg ✿ *Seite 53* Alfred Stevens, Das Bad, um 1867, Musée d'Orsay, Paris # ✿ *Seite 55* Dante Gabriel Rossetti, Die Geliebte, 1873, Tate Gallery, London # ✿ *Seite 57* Sammelbildchen Rose, aus der Serie „Blumengeister I“, 1895 # ✿ *Seiten 58/59* Jan Brueghel, der Ältere, Der Geruch, um 1617, Museo del Prado, Madrid # ✿ *Seite 61* J.W. Waterhouse, 1849-1917, Psyche öffnet die Tür zu Cupids Garten, Harris Museum and Art Gallery, Preston ✿ *Seite 63*, Emil Nolde, Im Zitronengarten, 1933, Privatbesitz, Blauel,München ✿ *Seite 64* Rudolph Ernst, 1854-1932, Die Parfummacher, Lindley Library, RHS ✿ *Seite 71* Hausiererprodukt um 1860, Rosenmuseum Steinfurth ✿ *Seite 79* Zeitschrift „Jugend“, 1904, Jugendstilranke mit Rosenknospen ✿ *Seite 85* Holzschnitt aus „Rosa Gallica“, 1515, Champier, Paris, John Hedgcoe ✿ *Seite 95* Robert Fludd, Siebenblättrige Rose, aus: Summum bonum, 1629, Bibliotheque Nationale Paris, Reserve td/30, 87 ✿ *Seite 98* Mrs. Adrian Stokes-Prendlsberger, Ehret die Frauen, Wirkteppich, 1912, Whitworth Art Gallery, University of Manchester ✿ *Seite 99* Carl Roehling, Vor dem Haus der Madame Jesse in Versailles, 1870, aus: R. Hoffmann, „Otto von Bismarck“, Berlin 1897 #; Carlo Dolci, Das Jesuskind mit einem Blumenkranz, 1663, Museum Thyssen Bornemisza ✿ *Seite 101* Henry Payne, 1868-1940, Chosing the Red and White Roses, Birmingham Art Gallery ✿ *Seite 103* Ottmar Elliger, Eine Tulpe mit Rosen und Johannisbeeren auf einem Tisch, 1674, Dresden, Gemäldegalerie Alte Meister # ✿ *Seite 105* Pierre Joseph Redouté, Rosa Campanulata Alba, aus: „Les Roses“, 1829 ✿ *Seite 106* Nicholas Hilliard, 1537-1619, Kavalier in einem Rosengarten, Royal Horticultural Society Library, London ✿ *Seite 108* Henri Fantin-Latour, Rosen in einem Korb, 1883, The Annenberg Collection, Los Angeles, L.A. County Museum of Art ✿ *Seite 109* P.S. Kroyer, Gartenblick aus Skagen mit der Frau des Künstlers, 1917, Privatbesitz ✿ *Seite 111* Moghulschule, Bildnis eines Moghulfürsten, Indien, 18.Jh., Staatl. Museen zu Berlin, Bild und Heimat, Reichenbach ✿ *Seite 112* Gustav Klimt, Rosensträuche unter Bäumen, um 1905, Musée d' Orsay, Paris #

 # E. Lessing/Archiv für Kunst und Geschichte, Berlin